纺织生产管理与信息化

袁利华 主编

东华大学出版社
·上海·

图书在版编目(CIP)数据

纺织生产管理与信息化/袁利华主编. —上海：东华大学出版社，2024.07
ISBN 978-7-5669-2291-5

Ⅰ．①纺… Ⅱ．①袁… Ⅲ．①纺织工业－工业企业管理－高等职业教育－教材 Ⅳ．①F407.81

中国国家版本馆 CIP 数据核字(2023)第 240742 号

纺织生产管理与信息化
FANGZHI SHENGCHAN GUANLI YU XINXIHUA

袁利华　主编

责任编辑　曹晓虹
封面设计　魏依东

出版发行　东华大学出版社（上海市延安西路1882号　邮政编码：200051）
编辑部　021-62379902
营销中心　021-62193056　62373056
天猫旗舰店　http://dhdx.tmall.com
出版社网址　http://dhupress.dhu.edu.cn
印　　刷　上海龙腾印务有限公司

开　本　787mm×1092mm　1/16　　印　张　11　　字　数　267千字
版　次　2024年7月第1版　　　　　　印　次　2024年7月第1次印刷

书　号　ISBN 978-7-5669-2291-5　　　　定　价　58.90元

前言

随着新一代信息技术和制造业的融合发展，传统的企业管理模式已不能满足新时期企业发展的需求。信息技术的广泛应用，使得企业更加重视自身管理模式的调整和完善。只有提升制造业数字化、网络化、智能化发展水平，才能进一步加速"制造"向"智造"的转变。加快推进智能制造，是制造业升级的必然路径，也是推动企业管理变革的有效途径。

纺织类专业的学生不仅要掌握专业技术知识，还要具备一定的现代纺织企业生产管理的知识。目前市场上缺乏对技术者和管理者角色的正确认识，以及对企业文化、企业管理的理解，更缺乏一套先进、完整、实用管理体系的引导，导致工作效率不高、收效甚微。

鉴于此，编者着手编写了本书，通过在对企业进行广泛调查的基础上，阅读大量的管理文件和书籍，并与企业相关管理人员、有关专家和学者进行了交流和探讨，最终确定了本书的框架结构和主要内容。本书由五个项目组成，内容按思政融入、任务导入、任务分析、知识点讲解、实施任务和知识点检测进行构建。它为高职学生提供了纺织企业生产管理的系统知识，在启发学生在实践工作中的思路、创新自己的工作，提高综合管理素质、新型信息化管理手段和增强发展潜力等方面，具有十分重要的意义。

本书的编写体现"三性一味"。

一是突出针对性。针对毕业后以企业基层组织和管理为主的高职学生在纺织企业管理中实际存在的主要问题，系统地阐述了相关理论并提出了切实可行的解决方案和措施，指导其运用现代的理论和方法，实现生产管理，提高生产效率，确保产品质量及企业经营目标。

二是强化实用性。 本书以纺织企业生产管理与信息化的管理实务训练为主,引进大量实用的优秀企业案例,做到管理理论、方法与纺织企业管理实际有机结合,突出可操作性,强化实践,联系实际,注重实用,讲究实效。

三是注重前瞻性。 本书的编写立足于当前纺织企业的实际,也着眼于纺织企业的长远发展,在内容上广泛吸收了目前国内外先进的信息化的管理与方法,加强了国际案例的本土化运用,同时利用现代纺织企业管理的方法贯穿始终,具有一定的前瞻性,有利于纺织高职学生把握纺织生产管理的发展趋势,进一步提升企业的管理水平。

四是融入思政味。 将纺织生产的职业素养、家国情怀、创新精神、文化自信等思政元素融入纺织生产管理与信息化专业知识的学习中,实现价值塑造、能力培养与知识传授的有机融合,在教材方案的调研与设计中,关注行业、企业及社会对新时代纺织类专业人才在职业素养、职业道德和法治意识等方面的需求动态,在本书内容安排中突出专业知识与思政融合点的设计。

本书可作为纺织高职院校学生的教材,同时也可作为纺织企业开展基层管理人员培训用教材。参与本书编写工作的有浙江纺织服装职业技术学院袁利华和李桂华、宁波大学屠建飞、浙江台华新材料股份有限公司陶庆隆和朗盛(宁波)颜料有限公司宁小锁。本教材也得到一些纺织企业的帮助和支持,在此表示感谢。同时,请广大读者对本书进行批评指正,以便修订时进一步完善。

编者:袁利华

2023 年 10 月

目 录

◎ 项目一　走进纺织生产管理 …………………………………………………… 001

任务1　初识现代纺织企业　// 001

任务2　认知纺织生产管理　// 007

◎ 项目二　纺织生产组织管理 …………………………………………………… 014

任务1　生产过程的空间组织　// 014

任务2　生产过程的时间组织　// 024

任务3　生产过程的劳动组织　// 032

◎ 项目三　纺织生产计划管理 …………………………………………………… 037

任务1　核算纺织生产能力　// 037

任务2　编制纺织年度生产计划　// 043

任务3　编制纺织生产作业计划　// 049

任务4　纺织生产作业计划的实施　// 060

◎ 项目四　纺织生产管理 ………………………………………………………… 068

任务1　工艺管理　// 068

任务2　设备管理　// 074

任务3　质量管理　// 089

任务4　物资管理　// 112

任务5　现场管理　// 120

任务6　环境管理与企业社会责任　// 127

◎ 项目五　纺织生产信息化管理 …………………………………………………… 148

任务1　物料需求MRP管理　// 148

任务2　制造资源MRPⅡ管理　// 154

任务3　纺织生产ERP管理　// 158

项目一

走进纺织生产管理

在市场经济条件下，企业的经营决策和营销活动虽然具有决定性作用，即所谓"管理的重点在经营"，但经营目标及决策的实现是以高质、高效的生产管理为基础的。纺织企业作为一个经营实体和市场竞争主体，要想在国际大市场的激烈竞争中树立和保持自己的竞争优势，以谋求生存和发展，纺织生产管理的先进、高效显得尤为重要。

【思政融入】

通过经济数据与纺织行业数据分析，结合时代背景探讨当下从"纺织大国"走向"纺织强国"的产业升级路径，使学生对纺织产业的重要性和发展现状有初步的了解，根据学生的兴趣点进行延伸，引导学生关注纺织行业尤其是纺织制造领域，了解纺织制造领域的优势，激发学生对纺织制造领域的关注，增强专业自信、文化自信和民族自豪感。

任务1 初识现代纺织企业

【任务导入】

雅戈尔集团以品牌发展为核心，围绕转型升级、科技创新，坚持不懈走高质量发展之路，打造多元并进、专业化发展的综合性国际化企业集团。2023年9月，全国工商业联合会发布2023中国民营企业500强榜单。雅戈尔集团以1715亿的总营收位列第46位，较2022年上升6位，进入50强。在同时发布的2023中国制造业民营企业500强榜单中，雅戈尔集团位列第31位。

请根据近几年的经济数据与纺织行业数据，对雅戈尔集团的企业优势发展进行分析。

【任务分析】

要完成本次任务，必须明确以下问题。

1. 企业的概念？纺织企业的基本职能和特点是什么？
2. 纺织企业管理的职能是什么？

【知识点讲解】

一、纺织企业的特点

（一）企业的特点

企业是商品生产和经营的经济组织，其生产产品或提供服务不是享受使用价值，而是为了实现其价值，以获取企业经济效益。从法律的角度看，企业是自主经营，自负盈亏，依法独立享有民事权利并承担民事责任的商品生产和经营活动的法人。企业的概念包含以下几个要点。

1. 组织性

企业是一种有名称、组织机构、规章制度的正式组织。

2. 经济性

企业是以经济活动为中心的社会组织。

3. 商品性

非自给自足的自然经济组织，而是产品生产者或经营者，其经济活动面向和围绕市场进行。

4. 盈利性

通过资本经营，追求资本增值和利润最大化。

5. 独立性

在法律和经济上具有独立性的组织，企业作为一个整体，它依法享有民事权利，独立承担民事义务及民事责任。

（二）纺织企业的特点

纺织企业是涉及棉纺、丝绸加工、麻纺、毛纺、化纤相关作业的企业。主要从事商品（以纱线、面料和产业用纺织品为主）生产、流通或服务性活动，为满足社会需要和获取盈利，实行自主经营、自负盈亏、独立核算，依法独立享有民事权利并承担民事责任，具有法人资格的经济实体。

纺织企业是一体化、集团化、且具备多元性生产与经营的组织；生产组织严密，系统地将科学技术应用于纺织生产经营过程；生产过程具有高度的比例性、连续性和生产柔性；经营活动具有经济性和盈利性；质量控制随机性大；原料种类繁杂，原料占成本比重大；生产社会化程度高，有广泛密切的外部联系。

二、现代纺织企业的主要特征

（一）以现代科学技术为基础

现代纺织企业中有先进装备和工艺、新材料、高技能工人、高科技研发人员，在纺织产品的设计、工艺规程的制定、操作方法的选择、生产过程的组织等方面，都必须系统地运用科学知识来解决企业中存在的问题。

（二）劳动分工精细和生产组织严密

生产工具发生的巨大变化，不仅改变了劳动者与劳动资料之间的关系，还改变了劳动者之间的关系，形成了高度社会化的集体劳动。每个工艺阶段和专门加工过程细分为很多工序，需要采用不同的机器设备，由许多不同工种的工人、工程技术人员和管理人员在一起完成生产劳动。由此可见，企业生产出来的任何一种产品，都是整个企业成员共同劳动的成果。

（三）生产过程具有多工序、连续化

纺织工序包括清棉、梳棉、并条、粗纱、细纱、络筒、并线、拈线、整经、浆纱、织造等。这一特点决定了纺织企业需要高度重视前后工序生产作业的连续、均衡、协调以及需要及时检测、掌握半制品和成品的质量。生产过程中各个环节之间的联系主要表现为各种机器设备之间的联系。它们之间在生产能力上要相互协调，具有严格的比例性。比例性和连续性是现代纺织企业的客观要求。随着自动化程度的提高和流水线的广泛采用，对生产过程的比例性和连续性的要求也越来越高。任何一个失误都会给生产造成很大的影响，甚至使生产无法继续进行。

（四）生产社会化程度高，有广泛密切的外部联系

随着经济的发展和科学技术的不断进步，现代工业企业内部的分工与协作日益紧密，企业之间的专业化分工与协作也日益扩大。纺织企业采用多机械、多工序的连续生产方式，机械化和劳动者工作技能高度结合。劳动分工精细，生产组织严密的特性决定了纺织企业的管理必须根据现代企业的内在规律来进行科学化的管理。

三、纺织企业管理

（一）纺织企业管理的含义

纺织企业管理是指纺织企业从事计划、组织、指挥和控制的各项活动过程，包括生

产、技术、人事、营销、财务等。其目的是将纺织企业拥有的原料、资本、信息、技术等资源要素进行优化配置，并实现既定经营目标的过程，从而提高经济效益。

（二）纺织企业管理的内容

纺织企业管理的一般职能，是指由协作劳动产生的，合理组织生产力的管理职能。对具体管理工作进行归纳和概括，可以划分为以下若干具体职能。

1. 计划

计划是预先拟定企业目标和对实现目标的途径、方法、资源配置等进行管理的工作，它是企业管理的首要职能。

在企业的生产中，必须有统一的目标和统一的安排，才能彼此配合，最终达到预期目标，所以计划起着指导企业开展各项工作的纲领和依据的职能作用。

计划的主要职能有以下几个方面。

(1)对企业外部环境（主要是市场状况和国家的宏观调控）和内部条件的现状及未来的变化趋势，进行分析和预测。

(2)根据市场需要、企业内部条件的分析以及企业自身的利益，制定企业中长期和近期的目标，使企业既面对现实地立足于当前，又高瞻远瞩地着手于长远。

(3)拟定实现目标的各种可行性方案，并从中选择最佳方案。

(4)编制企业的综合计划（经营计划）和各项专业计划（生产计划、销售计划等），以便落实决策方案。

(5)检查计划执行情况，及时发现问题并采取措施予以解决。这是计划职能与控制职能相互交叉的一项工作。

随着社会经济、科学技术和企业管理理论的发展，计划职能的内容和方法也在不断丰富和完善。随着生产市场竞争的国际化，企业管理的指导思想转变为从市场出发，计划职能的重点是以市场为中心，在生产活动最大限度适应市场条件下，追求高效率、高效益。

2. 组织

为了实现企业的共同目标与计划，确定企业成员的分工与协作关系，建立科学合理的组织结构，使企业内部各单位、各岗位的责权利协调一致，这就是组织职能。

组织的主要职能有以下几个方面。

(1)确定各项具体管理职能，明确其中的关键性职能，并将其分解为各项具体管理业务和工作。

(2)确定承担这些管理业务和工作的各个管理层次、部门、岗位及其义务权益，做好企业内部纵向与横向的分工。

(3)确定各管理层次和管理部门之间的协调方式和控制手段，使整个企业的各个部门步调一致，以提高企业管理的整体功能。

(4)配备和训练管理人员。

(5)制定各项规章制度，包括管理部门和管理人员的绩效评价与考核制度，以调动职工积极性。组织职能的这些内容说明了它是一个动态的工作过程。

3．指挥

指挥职能是由企业各级领导人员行使的一种职能。它是指企业各级领导人为了贯彻实施企业的计划，在自己的职权范围内，通过下达指示、命令和任务，使职工在统一的目标下，各负其责，相互配合，完成各项任务。

指挥的主要职能有三个方面。

(1)指挥职能对下级人员来说，意味着服从，带有强制性。

(2)建立集中统一的、高效率的指挥系统，明确上下级之间的责权关系，形成有层次的、连续的指挥链。

(3)各级领导人员要指挥准确、及时、有方。

4．控制

控制职能就是指按照既定计划和相关标准对企业的生产经营活动进行监督、检查、发现偏差及时纠正，使工作按原订计划进行，或者通过调整计划达到预期目的的管理活动。

控制的主要职能有两个方面。

(1)控制是企业高层、中层和基层的每一个主管人员的职责。各级主管人员的分工不同，控制范围也不一样。

(2)控制职能划分为不同的具体类型，如生产作业控制、质量控制、安全生产控制、成本控制等。

以上几个管理职能具有普遍性。无论何种类型的企业，也不管企业的哪一个管理部门或者哪一级管理人员，他们所从事的管理工作都可以归纳为这些职能，区别仅在于他们执行的各种管理职能的具体内容、要求及时间分配各不相同而已。

（三）纺织企业管理的任务

现代企业管理有下列三项重要任务。

1. 必须始终把经济上的成果放在首位

企业是一个经济组织,需要为社会创造财富,增加积累,证明自己的社会价值。因此管理者必须把企业的效益放在首位。

2. 以人为本开展管理,使工作富有活力

职工是企业活力的源泉。管理者在企业的生产经营活动中,不仅要管好"物",更要管好"人"。重视人的因素,调动职工的积极性,发挥职工的智慧和创造力,这样才能使工作富有活力。要激励职工的劳动热情,同时使他们在物质上和精神上得到相应的利益和满足,以圆满完成工作任务。

3. 关注企业对社会的影响和对社会承担的责任

企业向顾客提供商品和服务,其经营行为具备社会属性。企业行为必须符合社会的价值准则、伦理道德、国家法律以及社会期望。企业在为社会服务、创造经济成就的同时,还要承担推动社会进步的责任和义务。

【实施任务】

以身边的纺织企业为例,分小组讨论该纺织企业的现状及发展趋势。

【知识点检测】

1. 何为企业?纺织企业的特点是什么?
2. 纺织企业管理的职能有哪些?
3. 分析纺织企业发展趋势和未来前景。

与本项目相关的拓展资料请扫二维码

任务 2 认知纺织生产管理

【任务导入】

2022 届高校毕业生纺织服装类专场招聘会、宁波市 2022 届大中专毕业生纺织服装类专场招聘会在浙江纺织服装学院招聘云平台举行，浙江省近千家纺织服装企、事业单位前来招聘。其中，纺织服装类企业生产管理人员的岗位如生产计划调度员、班组长和工艺工程师等需求接近 30%，但很多同学不太明确这些岗位的职责范围和要求。

请帮助这些毕业生明确相关岗位的职责范围和要求。

【任务分析】

要完成本次任务，必须明确以下两点。

1. 纺织生产有哪些类型？他们管理的重点是什么？
2. 纺织生产管理的内容是什么？

【知识点讲解】

一、纺织生产

生产也称社会生产，是指人们结成一定的生产关系，利用生产工具，改变劳动对象以适合人们需要的过程。由此可见，生产实际上是一种加工转换过程。在加工转换过程中，生产系统必须投入必要的生产要素（主要包括人、财、物、技术、信息），这样方可根据不同的生产目的生产出满足人们不同需要的产品。

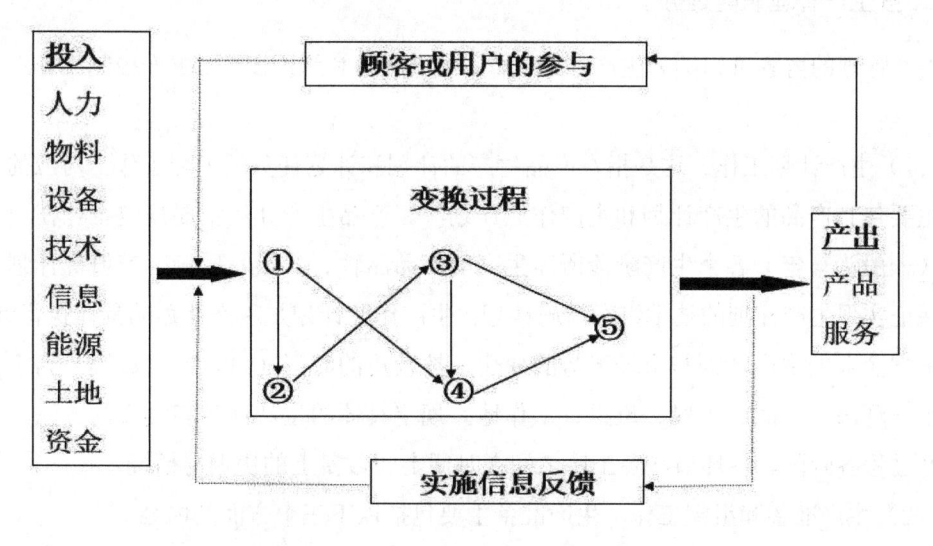

图 2-1 生产的加工转换过程图

生产与作业系统是通过有效的资源配置实现"投入—变换—产出"功能的综合体，是企业大系统中的子系统。生产系统的中间转换就是生产制造过程，其主要内容是通过生产过程的合理组织，使生产要素按技术要求、各项标准完成产品的生产过程。这个转换过程也是企业的物流过程。

例如棉布的生产，就是对生产棉布所需的人、财、物、技术、信息进行加工转换的过程，该过程结束时，棉布也就被生产出来了。再如宾馆饭店的生产，就是对宾馆饭店提供的产品——服务所需的人、财、物、技术、信息进行加工转化的过程。这两个例子中，产品的形式是不一样的，我们称前者为物质产品，后者为非物质产品。由于产品分为物质产品和非物质产品，所以生产也对应分为物质产品的生产和非物质产品的生产。本书主要讨论物质产品（纺织产品）的生产管理。

二、纺织生产管理的内容

生产管理就是对企业生产活动的计划、组织、控制。生产管理的概念有狭义与广义之分，狭义的生产管理仅指对企业的生产过程所进行的管理；而广义的生产管理，是指对企业从生产系统设计、运行与维护的全过程的管理。

广义的生产管理是指对企业生产活动的全过程进行综合性的、系统的管理，也就是以企业生产系统作为对象的管理，所以，其内容十分广泛，包括生产过程的组织、劳动组织与劳动定额管理、生产技术准备工作、生产计划和生产作业计划的编制、生产控制、物资管理、设备和工具管理、能源管理、质量管理、安全生产、环境保护等。

（一）生产管理的内容

1．按生产管理职能划分

生产管理的内容可归纳为生产计划工作、生产准备和组织工作、生产控制工作三个方面。

（1）生产计划工作。这是指对产品生产的计划和计划任务的分配工作。对应的生产计划主要包括产品的生产计划和生产作业计划等。产品生产计划主要规定企业在一定时期内（一般为一年）各个生产阶段所需生产的产品品种、产量、质量、产值等计划，以及为保证实现生产计划的技术组织措施计划。生产作业计划是生产计划的具体执行计划，它是根据企业的生产计划与市场形势的变化，按较短的时间（月、周、日等）为企业的各个生产环节（车间、工段、班组、工作地）规定具体的生产任务和实现的方法，并保证生产过程各阶段、各环节、各工序之间在时间上和数量上的协调与衔接。

（2）生产准备和组织工作。生产准备主要包括以下三个方面的内容。

①工艺、技术及设备方面的准备。主要包括编制工艺文件、进行工艺方案的选优、

设备选择的经济评价以及设计和补充工艺装备等。

②人力的准备。主要包括对工种、人员进行选择、配备和调整，充分发挥及挖掘人力资源的潜力。

③物料、能源的准备。主要包括原材料、辅料、燃料、动力、外购外协件的准备。

生产组织包括生产过程的组织与劳动过程的组织。生产过程的组织主要是解决产品生产过程各阶段、各环节、各工序在时间上和空间上的配合衔接；劳动过程的组织主要解决劳动者之间、劳动者与劳动工具、劳动对象之间的协调。

生产准备和组织工作是企业正常生产活动必备的基本条件，是实现生产计划的重要保证。生产准备包括的各方面准备工作以及生产组织所包括的生产过程组织与劳动过程组织之间，既要保持相对的稳定性，又要随着企业经营方针、经营计划及生产政策的变化而变化，只有这样才能不断提高劳动生产率，提高经济效益。

（3）生产控制工作。生产控制是指围绕着完成生产计划任务所进行的各种检查、监督、调整等工作。具体地说，生产控制包括：投产前的控制、生产过程控制（包括生产调度工作、在制品管理等）、产品质量控制、库存和资金占用的控制、物料消耗及生产费用等方面的控制。实行生产控制，重要的是要建立和健全各种控制标准，加强信息收集和信息反馈，实现预防性控制。

2. 按生产管理所需做的决策类型划分

生产管理的内容包括生产系统设计的长期决策及实施、生产系统的运行和控制的短期决策及实施两个方面。

（1）生产系统设计的长期决策及实施，主要包括生产系统的地址选择（又称厂址选择）、工厂平面布置、产品的选择和设计、设备的选择、加工对象的生产设计。

（2）生产系统的运行和控制的短期决策及实施，主要包括质量控制、成本控制、进度控制和设备维修。

（二）生产管理的任务

在市场经济条件下，生产管理的任务主要有三条：首先是按照规定的产品品种、质量完成生产任务，其次是按照规定的产品计划成本完成生产任务，最后是按照规定的产品交货期限完成生产任务。产品的质量（Quality）、成本（Cost）和交货期（Delivery），简称QCD，是衡量企业生产管理成败的三要素。保证QCD三方面的要求，是生产管理的最主要的任务。

这三项任务是相互联系、相互制约的。提高产品质量，可能引起成本增加；增加数量，可能降低成本；为了保证交货期而过分赶工，可能引起成本的增加和质量的降低。

为了取得良好的经济效益,需要在生产管理中对QCD加以合理的组织、协调和控制。

生产管理的任务是为实现企业经营目标服务的。生产管理的每一项任务都是通过计划、准备、生产、销售四个阶段实现的。每项任务在生产阶段的实际情况,将反馈到准备阶段。生产管理能否保证质量的要求,最终要在销售中接受用户的检验;生产管理能否保证按期交货,将通过履约率得到反映;生产管理能否按最经济的成本生产,将由销售后的盈亏作出结论。

(三)生产管理系统的功能

为了完成上述生产管理任务,生产管理系统必须具备以下三个基本功能。

1. 计划功能

在与经营、营销和财务部门保持连续与沟通的基础上,通过对市场需求的预测,根据客户的要求,编制各种计划,对生产前的各项技术准备工作、劳动力的组织与调度、生产设备的安排等进行组织和协调,以便按质、按量、按品种、按期地生产出产品。

2. 分析功能

这里的分析主要包括两个方面:一是对生产系统本身的经常分析、评价,以便不断改善生产管理系统,提高生产管理水平;二是对生产计划的各个阶段的实施情况、完成情况进行跟踪调查分析,以便进一步挖掘企业的各种潜力。

3. 控制功能

在分析、比较所得到的定性、定量的资料和数据的基础上,采取相应的措施,对生产系统及生产的各个环节进行控制,使生产系统完全处于受控状态。

(四)生产管理的组织机构

为了有效地从事生产管理,需要建立一个良好的生产管理的组织机构。这个机构在企业的组织机构中占有重要地位。

生产管理机构的设置应符合三个要求:一是指挥正确、迅速、有力;二是机构精简,工作高效,责任明确;三是建立一个有效的情报畅通的信息系统。

由于企业的规模、生产类型、技术特点不同,生产管理组织机构的设置形式也不一样。尽管如此,它总是由两部分组成:一是生产管理的行政指挥机构,二是生产管理的职能机构。

1. 生产管理的行政指挥机构

由于有效管理幅度的限制,一名生产管理人员不可能直接有效地指挥许多人,需要分级指挥，组成一个多级的生产管理指挥系统。企业一般采用三级生产指挥系统，组织结构如图2-2所示。

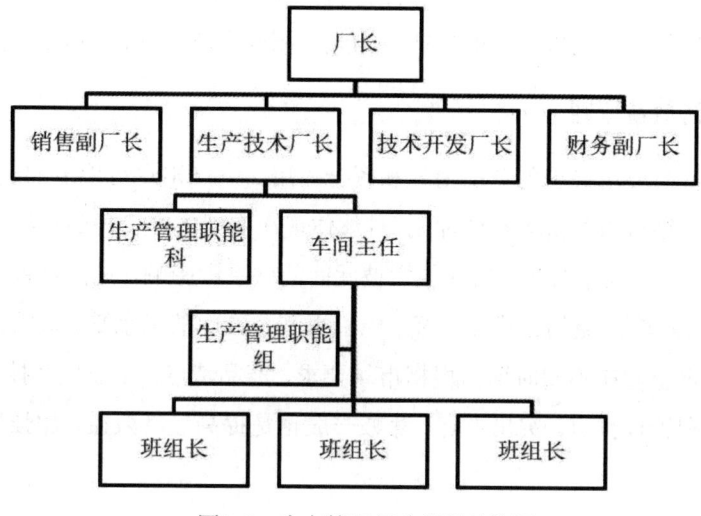

图2-2　生产管理行政组织结构图

在三级生产指挥系统中，必须加强厂级的集中统一指挥，同时注意发挥车间和班组的生产指挥作用。

2．生产管理的职能机构

它是各级生产行政指挥人员的参谋和办事机构，在业务上起指导、帮助和监督下级行政组织的作用。生产管理职能机构的设置是多种多样的，这里介绍一种典型形式，如图 2-3 所示。

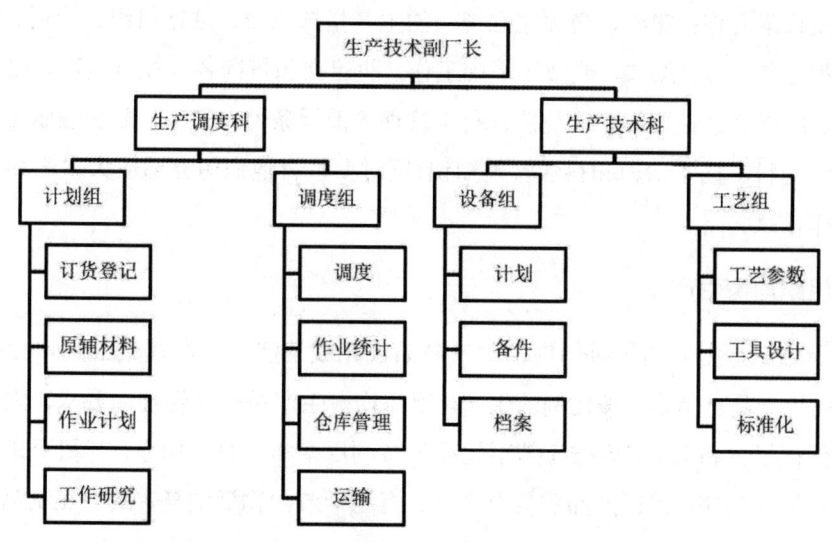

图 2-3　生产管理职能结构图

（五）生产管理的原则

现代工业企业的生产，从生产管理的角度看有两个基本特点：一是从事的是商品生产；二是从事的是现代化大机器工业的生产。为此，搞好生产管理，必须遵循以下指导原则。

1. 讲求经济效益原则

这个原则就是要用最少的劳动消耗和资金占用，生产出尽可能多的适销对路的产品。在生产管理中贯彻讲求经济效益的原则，具体体现在实现生产管理的目标上，做到数量多、质量好、交货及时、成本低等，研究他们彼此间的联系和影响，在满足各自不同要求的前提下，达到综合经济效益的最优化，而不能追求某一方面的高水平。追求综合经济效益的最优化不能否定企业在不同时期内根据市场要求、产品特点、企业生产技术条件，制定正确的生产政策和管理重点。突出重点、兼顾一般也是提高经济效益、加强生产管理的有效方法。

2. 坚持以销定产的原则

这个原则就是根据销售的要求来安排生产。在市场经济的今天，坚持这条原则尤为重要，否则企业就有被淘汰的危险。因此，应加强对生产管理人员的教育，树立正确的经营观念，面向市场，克服单纯的生产观。

3. 实行科学管理

这是指在生产过程中要运用符合现代工业生产要求的一套管理制度和方法。现代工业生产主要依靠在生产中系统地应用现代科学技术知识，因此必须实行科学管理。实行科学管理要做许多工作：第一，必须建立统一的生产指挥系统，进行组织、计划、控制，保证生产过程正常进行；第二，要做好基础工作，即建立和贯彻各项规章制度、建立和实行各种标准、加强信息管理等，这是搞好科学管理的前提条件；第三，要加强职工培训，不断增加他们的科学技术知识和科学管理知识，同时要教育他们树立适应大生产和科学管理要求的工作作风。

4. 组织均衡生产

均衡生产是指在相等时间内，生产产品或完成某些工作在数量上基本相等或稳定递增。均衡生产是有节奏、按比例的生产。组织均衡生产是科学管理的要求。因为均衡生产有利于保证设备和人力的均衡负荷，提高设备利用率和工时利用率；有利于建立正常的生产秩序和管理秩序，保证产品和安全生产；有利于节约物资消耗，减少在制品占用，加速资金周转，降低产品成本。因此，组织均衡生产能够取得比较好的经济效益。

总之，生产管理的原则就是经济性、市场性、科学性和均衡性，其中经济性是最根本的，其他三项是为经济性服务的。

【实施任务】

案例分析：兰溪某织造厂的生产运作方式分析

兰溪某织造厂是一个有300台喷气织机的织造厂，和其他纺织厂一样，其生产系统由厂房、机器、资金、技术、信息、原料（纱线）、管理等组成。

以下是该企业采取的生产管理措施。

（1）进行市场调研，分析市场需求。

（2）做出生产能力计划是企业保持现金流量和获得合理盈利所必需的。

（3）对企业管理人员、设备操作人员、维修人员分别做出安排。

（4）对纺织原料（纱线）、纺织配件、纺织设备管理。

（5）对日常市场进度进行控制。

（6）质量保证：始终满足用户需求、建立质量保证体系、不断改进和提高产品质量。

（7）不断技术创新，始终用新材料、新工艺、新方法开发新产品，适应和引导市场需求。

（8）员工的激励和培训贯穿于市场运作的各个阶段。

（9）生产成本控制贯穿于市场运作的各个阶段。

试分析：

（1）该纺织企业进行了哪些生产管理？

（2）你认为该企业的生产管理还应该从哪些方面改进？

【知识点检测】

1. 何为纺织生产管理？其特点是什么？
2. 纺织生产管理的内容有哪些？
3. 简述纺织生产系统的转换过程？

与本项目相关的拓展资料请扫二维码

项目二

纺织生产组织管理

纺织生产组织就是通过对各种纺织生产要素和生产过程的不同阶段、环节、工序的合理安排，使其在空间上、时间上和劳动的组织上结成一个协调的系统，使产品生产在运行路线最短、用时最省、成本最低的情况下，适时提供满足市场需求的产品，确保企业经济利益。

【思政融入】

通过纺织企业对"订单生产"和"均衡生产"等生产组织，引入"即卖即生产"的新制造模式，从生产模式的变化，带领学生领会纺织业的发展和进步，树立行业自信，并将纺织企业的变更和发展与国家发展相结合，培养学生的爱国情怀和使命担当。

任务1 生产过程的空间组织

【任务导入】

肯德基把快餐店选址作为其经营的首要因素，这也是肯德基的核心竞争力之一。肯德基进入城市，先通过有关部门或专业调查公司搜集这个地区的资料，例如该地区有几个大型商场，商场营业额多少，有无公交线路和车站，有无地铁线路和车站，聚客多少等，在充分调研的基础上，确定店址。其选址的成功率几乎是100%。

请问肯德基选址的启发是什么？

【任务分析】

要完成本次任务，必须明确以下问题。

1. 影响选址决策的主要因素有哪些？
2. 纺织企业选址应该考虑哪些问题？

【知识点讲解】

合理组织生产过程，使生产系统处于最佳状态，是保证企业获得良好经济效益的重要前提之一。纺织企业管理人员必须从空间上、时间上和劳动上衔接平衡，紧密配合，使产品以最短的路线、最快的速度完成生产过程，并且使企业的人力、物力、财力得到最充分的利用，达到高产、优质、低耗，提高企业经济效益。

一、生产过程的概念及构成

生产过程是指从原材料投入生产开始,直到成品检验合格入库为止所经历的全部过程。生产过程主要是劳动过程,即劳动者利用劳动工具,直接或间接地作用于劳动对象,使之按照人们的预定目的成为产品的过程。

$$\text{生产过程组织} \begin{Bmatrix} 空间 \\ 时间 \\ 劳动 \end{Bmatrix} \text{合理配合} \begin{Bmatrix} 人 \\ 财 \\ 物 \end{Bmatrix} \text{充分利用} \begin{Bmatrix} 高产 \\ 优质 \\ 高效 \end{Bmatrix}$$

如棉纺企业的生产过程,就是从原棉投入,经过清棉、梳棉、并条、粗纱、细纱、络筒、整经、浆纱、穿筘、织造、整理等工序的加工,到产出坯布的全部过程。

不同企业的生产工艺和产品不一样,其生产过程也不一样。从制造工业来看,一类是流程式生产过程,原材料按工序经过连续的加工,最后成为成品,如化工、冶金、纺织等企业;另一类则属于加工装配式生产过程,一般先将原料加工零件,再将零件装配成部件,最后进行总装配,如纺织机械、服装厂等。

所有产品的生产过程,可按生产阶段的不同作用分为以下几个过程。

(一)生产技术准备过程

生产技术准备过程是指产品投入生产前进行各种必要的生产技术准备工作,主要包括:

(1)产品设计。

(2)工艺设计。

(3)工艺装备设计与制造。

(4)材料与工时定额的制定。

(5)劳动组织。

(6)设备布置。

(7)物资供应。

(二)基本生产过程

基本生产过程是指把劳动对象直接变为企业基本产品的过程。以纺织企业为例,主要包含以下内容。

(1)纺纱。

(2)织布。

(3)印染。

（4）成衣。

（三）辅助生产过程

辅助生产过程是为保证基本生产过程的正常进行所从事的各种辅助性生产活动的过程，主要包括W.FIYT方面。

（1）动力供应。

（2）设备维修。

（3）工具制造。

（4）空气调节。

（四）生产服务过程

生产服务过程是指为保证基本生产过程和辅助生产过程的正常进行所从事的各种服务性活动的过程，主要包括以下三方面。

（1）原材料和半成品的供应、保管与运输。

（2）原材料的理化检验。

（3）外协件的性能试验。

二、影响生产过程组织的因素和基本要求

（一）影响企业生产过程组织的因素

（1）产品的特点。

（2）企业的规模。

（3）专业化协作水平。

（4）生产技术和工艺水平。

（二）合理组织生产过程的基本要求

（1）作业细分化原则。

（2）作业集中化和生产过程一体化原则。

（3）专门化原则。

（4）比例性原则。

（5）单向流原则。

（6）连续性原则。

（7）节奏性（均衡性）原则。

（8）柔性（适应性）原则。

（9）电子化原则。

以上各项要求相互制约，在具体的生产条件下具有不同的意义和使用价值，所以必须灵活地、综合地利用，力求系统的整体效益。

三、纺织生产过程的空间组织

设施规划与组织就是工厂系统的布置。设施规划与组织包括企业厂址选择、总平面布置、车间布局及设备布置等内容。这些管理活动都是生产组织职能的前期工作。设施规划与组织工作质量的好坏，对企业的经营效果有着长远的影响。该项工作总的要求是运用科学方法，使建成的生产系统能够满足企业生产经营战略的需要。

（一）厂址选择

厂址选择即在何处构建纺织企业生产设施。它不仅直接影响到建设速度、投资总额，而且对于投产后的各项经营管理工作，诸如原材料供应和成品销售、动力设施的安装和维护、运输方式的选择、劳动力的配备、城市公用事业的配合以及职工生活的安排等，都有很密切的关系。因而它关系到纺织企业的生产能力和企业的竞争力，甚至关系到纺织企业经营的成败。

1. 设施选址的适用范围

对于纺织企业而言，设施选址并不是经常发生。但是在下列情况下，往往涉及设施选址问题。

①创办设立的企业

②搬迁的企业

③生产能力扩张的企业

④新设立分支部门的企业

2. 纺织企业厂址选择的影响因素

棉纺织厂具有机器设备数量较多、加工流程较长、原材料及成品运输频繁、工艺过程之间配合紧密、车间温湿度要求高、生产厂房比较集中等特点。为了满足这些特点和要求，在选定棉、毛等纺织厂的厂址时，应当充分考虑以下因素。

（1）自然环境条件。其中，土地资源和地理位置应考虑所在地的地形地势、地价、面积等；气候条件包括降水量、洪水水位、地下水情况、温湿度等。

（2）社会环境条件。其中，地方政策法规和经济条件包括政治和经济政策、地区规划、政府态度、金融服务等；劳动力和基础设施条件包括劳动力资源丰富程度、公共设施、附属设施、能源获得性与费用等；生活条件包括文化娱乐、医疗、生活服务等。

厂址选择的复杂性决定了在进行设施选址时，必须注意用科学的方法选择最佳方案。

对于所做的不同方案，一般应就下述三个方面进行比较。

①自然环境条件与社会环境条件的比较

②基本建设投资总额的比较

③生产经营管理费用的比较

可以采用的厂址选择方法有定性与定量相结合的方法和合理估计备选方案的优劣性。

（二）总平面布置

在设施布置选址区域内，对各相关部门、工作单位以及各种物资设施如车间、仓库、设备、工作中心等进行合理布置与安排，使其形成一个有机整体，确保生产运作高效、安全、流畅。

1. 纺织企业设施布置的选择

①新的设施选址

②生产流程混乱

③运输不畅

④成本居高不下

⑤明显的瓶颈约束

⑥产品重大改进

⑦工艺调整

⑧技术改造

⑨流通协调困难

2. 纺织企业设施布置的基本要求

①保证生产运作低成本、高效率

②兼顾生产运作的独立性与相关性

③保证畅通的物流与信息流

④有利于沟通与协作

⑤安全、舒适、美观

⑥充分利用外部环境条件

⑦留有发展余地

3. 纺织企业总平面布置应考虑的因素

①主导风向

②主厂房方位

③厂区的地形、地貌、地质、水文、气候等条件

④厂内外运输量及对运输的要求（包括人流、货流）

⑤城市规划

⑥建筑区划

⑦动力供应、供水、排水等条件

⑧企业发展远景规划

⑨防火、安全及环保要求

⑩节约用地

4. 纺织企业总平面布置的基本步骤

（1）确定原则。即确定总平面布置的原则和需要达到的目标。

（2）确定构成单位。企业生产经营活动单位构成主要有：生产技术准备部门、基本生产部门、辅助生产部门、生产服务部门、附属生产部门、行政管理部门、生活服务部门。

（3）收集资料。即明确企业各个生产经营单位对总平面布置的要求及约束条件等。

（4）拟定备选方案。拟定多个备选方案，按比例绘制初步设计规范的草图。

（5）方案决策。对各个备选方案进行全面综合的分析比较，选定最终方案。

（6）方案实施。编制方案实施计划并贯彻落实。

5. 纺织企业总平面布置的方法

（1）物料流量法。在进行总平面布置时，必须努力使这些物流的流动畅通无阻，经济合理。也就是以生产运作过程中的物料流量和运输费用最小化为目标来进行工厂布置。具体方法为：根据产品生产的工艺流程，确定物料在生产运作过程中总的流动方向，并绘制物料流向图；分析单位时间内各单位之间的物料运量，绘制物料运量表；根据物料运量大的单位尽可能靠近的原则进行工厂布置。

（2）生产活动相关图法。这种方法是借助于图解，根据各单位之间相互关系的密切程度进行工厂总平面布置。具体方法为：在进行总平面布置时，优先考虑生产运作系统内的不同部门之间的位置关系，业务关系密切的部门相邻布置。一般来说，生产活动相关图法经常用在行政管理部门的平面布置。

（3）模型布置法。工厂总平面布置通常是一个反复试验、布置、修改、再布置的过程。通过模型布置可以满足这一要求。具体方法为：按照比例关系和形状轮廓，用工厂各组成部分的纸片或塑料模板，在工厂平面图上移动进行模拟布置。

（三）选址的评价

自然条件与技术经济条件比较、基本建设投资总额的比较、生产经营管理费用的比较。用定性与定量相结合的方法和合理估计备选方案的优劣性。

1. 量本利法

量本利分析法，全称为产量成本利润分析，也叫保本分析或盈亏平衡分析，是通过分析生产成本、销售利润和产品数量这三者的关系，掌握盈亏变化的规律，指导出企业选择能够以最小的成本生产最多产品并可使企业获得最大利润的经营方案。

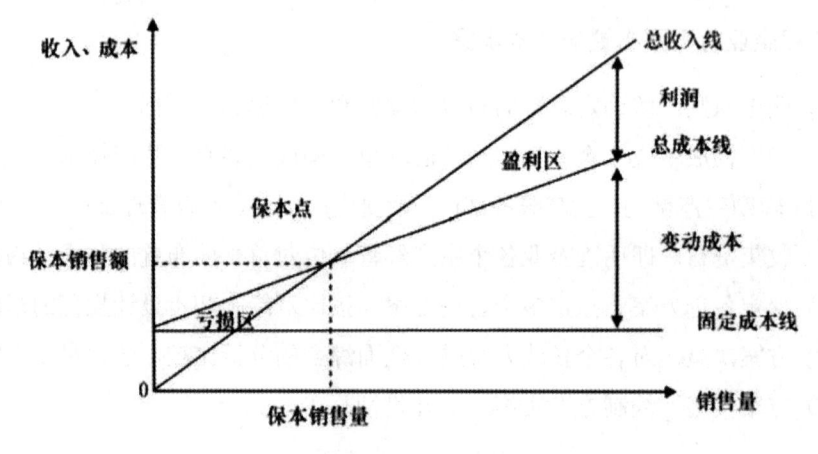

图2-1 量本利分析图

2. 因素主次评分法

有A、B、C三个候选厂址，其经济因素相当，按八个难以量化的因素进行比较，通过一定的评估体制评估。

选址因素	最高分数	候选厂址		
		A	B	C
未来燃料可获得性	200	150	180	120
水源供应充足情况	100	80	70	70
劳动力供应情况	250	220	180	180
生活条件	150	120	120	120
资本、技术和信息可获得性	200	170	150	130
运输灵活性及前景	200	160	150	160

表2-1 因素主次评分法

(四)纺织车间平面布置

车间平面布置的任务就是确定各生产车间和有关附属房屋在厂房中的相关位置,以及车间机器设备的布置。

车间布置应当结合生产区总平面布置、厂房形式、工厂规模、产品种类、建筑防火规范和机器排列方案综合考虑、统一解决。车间布置不仅应该有利于生产,而且要为土建、电气、空气调节、给排水等的设计提供方便条件。

1. 纺织车间的组成

一般来说,生产车间应由以下六个部分组成。

(1)生产部分,如织造车间的各种织机设备所占用的地点和面积。

(2)辅助部分,如机修部。

(3)仓库部分,如材料、在制品、半成品、工具等存储点。

(4)过道部分,如主要通道和次要过道。

(5)管理部分,如办公室、资料室、技术组。

(6)服务部分,如休息室、更衣室。

2. 纺织车间布置的基本原则

(1)原料进车间的入口,应当靠近原料仓库;成品入库的出口,应当靠近成品仓库或印染工厂。

(2)各车间的相互位置,应当使运输路线缩短至最小限度,并要避免迂回交叉,保证安全生产,便于采用机械化、自动化的运输设备。

(3)车间外形应尽量布置成矩形,以使外观整齐,便于生产管理。

(4)锯齿形厂房中的长车如细纱机、捻线机等,应垂直天窗排列,以保证工作面上采光均匀。

(5)车间布置应尽量满足空气调节均匀和有效的送风要求和天沟外排水要求。

(6)车间的位置和结构,应该符合建筑防火规范。

(7)在多层厂房中,重量大或震动大的机器设备,以及卷状重量大的半制品等,要尽可能避免上楼。

(8)一般生产附属房屋,应尽量布置在厂房四周,并靠近其所服务的生产车间和相应的机台。

(四)纺织机器设备布置

纺织机器排列是否合理,不仅直接影响到生产管理、运转操作、在制品运输和设备维修的顺利进行，还影响到厂房的建筑面积和基本建设投资额等技术经济指标。

1. 机器排列应遵循的原则

（1）按照生产工艺流向布置设备并尽量避免倒流。

（2）保持生产过程的连续性。

（3）注意运输方便，充分发挥运输工具的作用。

（4）考虑到多机床看管时工人作业的方便。

（5）车间内要留出足够的通道面积，通道要直，尽可能少转弯。

（6）充分利用车间生产面积。

（7）合理布置工作地、保证生产安全并尽可能为工人创造良好的工作环境。

2. 纺织设备布置的形式

纺织机器排列是否合理，不仅直接影响到生产管理、运转操作、在制品运输和设备维修的顺利进行，还影响到厂房的建筑面积和基本建设投资额等技术经济指标。

（1）纺织设备布置应遵循的原则

①按照生产工艺流向布置设备并尽量避免倒流；

②保持生产过程的连续性；

③注意运输方便，充分发挥运输工具的作用；

④考虑到多机床看管时工人作业的方便；

⑤车间内要留出足够的通道面积，通道要直，尽可能少转弯；

⑥充分利用车间生产面积；

⑦合理布置工作地、保证生产安全并尽可能为工人创造良好的工作环境。

（2）纺织设备布置的形式

①工艺专业化布置形式

把同类的设备尽可能布置在一起。如织布车间集中了许多型号织布机，专门承担毛坯布加工工艺的生产任务。

在织布车间内采用工艺专业化形式是指按工艺类别建立生产班组。这种布置形式比较适合于品种多、产量小的生产类型。

②产品（对象）专业化布置形式

按产品对象把加工这个产品所需要的设备按工艺先后顺序布置成一条专门的生产加工流水线，组织流水生产。

另外，设备还有综合式布置、成组生产方式等。

3. 工艺专业化布置形式

把同类的设备尽可能布置在一起。如织布车间集中了许多型号织布机，专门承担毛坯布加工工艺的生产任务。

在织布车间内采用工艺专业化形式是指按工艺类别建立生产班组。这种布置形式比较适合于品种多、产量小的生产类型。

4. 产品（对象）专业化布置形式

按产品对象把加工这个产品所需要的设备按工艺先后顺序布置成一条专门的生产加工流水线，组织流水生产。

另外，设备还有综合式布置、成组生产方式等。

【实施任务】

以身边的纺织企业为例，分小组讨论完成该纺织厂的厂址选择考虑了哪些因素。

【知识点检测】

1. 为什么要从系统观点考虑选址决策问题？
2. 纺织企业总平面布置应考虑的因素？

与本项目相关的拓展资料请扫二维码

任务2 生产过程的时间组织

【任务导入】

织造厂接到一个2000米，29tex×29tex×236×236×160cm平布订单，需要从整经开始，进行浆纱、穿筘、织造和整理，经四道工序加工时间分别为10min、5min、15min和10min，求整批产品加工周期？

【任务分析】

要完成本次任务，必须明确以下问题。
1. 时间消耗的分类和构成？
2. 时间的组织形式？

【知识点讲解】

合理组织生产过程，不仅要使纺织企业内部各生产单位和部门在空间上进行科学地组织，而且要对劳动对象在车间之间、班组之间、工作地之间的运动在时间上加以相互配合和衔接，最大限度地提高生产过程的连续性和节奏性，以便提高生产率和设备利用率，缩短生产周期，增加产量，加速资金周转，降低成本，更好地实现企业的经营目标。

一、时间消耗的分类和构成

时间消耗是指对操作者工时的消耗和利用进行测定和分析。时间研究的目的就是推进作业合理化、标准化，寻求完成一项工作的合理时间，并设法消除或减少无效时间，为制定科学、合理的劳动定额服务。它是制定生产作业活动标准时间和劳动定额的基础和前提。通过分析工时消耗，可以确定哪些时间消耗是有效利用，哪些时间是无效利用，这样有利于挖掘工时潜力，减少工时损失，提高工时利用程度。

（一）工时消耗的分类和构成

工人在整个工作班内的全部时间消耗，按其性质可以划分为定额时间和非定额时间两大类。

1. 定额时间

定额时间是指在正常情况下，工人为完成某项工作所必需消耗的时间，包括以下方面。
①作业时间（包括基本工艺时间和辅助工艺时间）
②布置工作地时间
③巡回时间

④休息及生理需要时间

⑤准备和结束时间

2. 非定额时间

非定额时间是指完成某项工作时不是必需的时间消耗,主要包括以下方面。

①非生产时间

②非工人造成的损失时间

③工人造成的损失时间

(二)定额时间的构成

不同的生产类型,其定额时间的组成内容及计算是不同的。

(1)大量大批生产条件下单件时间定额包括三点。

 ①单件作业时间

 ②布置工作地时间

 ③休息与生理需要时间

(2)成批生产条件下单件定额时间包括两点。

 ①单件时间定额

 ②准备结束时间/批量

(3)单件生产条件下定额时间包括两点。

 ①单件时间定额

 ②准备结束时间

(三)定额时间的研究方法

1. 测时法

测时法也称"秒表法",它是以工序为对象,用秒表或其他计时工具直接对作业及工时消耗情况进行观测、记录和分析的一种方法,其具体方法如下。

(1)将工序内容按作业顺序和作业的不同性质划分为若干操作单元,并确定计时点;

(2)按规定的观测次数对各单元进行测时,最后分析整理测时数据,确定实测的作业时间。

2. 工作日写实

工作日写实是指由专职写实人员对操作者整个工作班的时间利用情况,按时间消耗的顺序,进行实地观察、记录和分析的一种方法,其工作程序如下所示。

(1)写实前的准备工作。

（2）进行写实。

（3）写实资料的整理与分析。

3. 工作抽样法

工作抽样法，又称"瞬间观察法"。它是运用数理统计原理，通过随机地观察工人或设备在瞬间时刻的不同状态，据此确定工时利用或设备利用等方面的情况。工作抽样的工作步骤如下。

（1）确定调查目的。

（2）根据调查目的，明确调查统计的项目。

（3）规定调查研究项目的相对误差或绝对误差。

（4）对调查对象的活动进行分类。

（5）确定观察次数。

（6）决定观测时刻。

（7）观测并记录。

（8）计算和评价观测结果。

由于工时抽样只能得出作业现场的总体情况，不易得出观测对象的个别具体情况，在许多情况下，需要和工作日写实、测时等方法结合使用。

二、劳动定额的特点

(一)劳动定额的概念及表现形式

1. 概念

劳动定额是指在一定的生产技术组织条件下，采用科学合理的方法，对生产一定量的合格产品或完成一定量的工作所规定的劳动消耗量的数量标准。

2. 基本形式

（1）工时定额。工时定额是指为生产单位合格产品或完成一定工作任务所预先规定的劳动时间标准，如工时／吨纱、工时／万米布等。

（2）产量定额。产量定额是指在规定时间内生产出合格产品的数量或应完成的工作量标准，如米布／（班·台）、打包包数／小时等。

工时定额和产量定额在数值上互为倒数关系，工时定额越低，产量定额就越高，反之亦然。

（3）看管定额。看管定额是指一个工人同时应当看管的设备规定台数标准。此外还有工作定额、服务定额等。

（4）纺织企业劳动用工定额。纺织企业劳动用工定额是指纺织企业单位规模内（如棉纺企业以一万锭为单位，或以一吨棉纱为单位等）用工的多少，反映纺织企业总的劳动生产率。当然，用工水平根据技术和管理水平的不同而异。

(二)劳动定额的作用

劳动定额是计划工作的基础、合理组织劳动力的依据、经济核算的依据之一、正确确定员工劳动报酬的重要依据。

三、劳动定额的制定方法

纺织企业制定劳动定额，必须根据自己的生产特点和管理工作的要求，选择正确的制定方法。主要方法有以下几种。

(一)经验估工法

经验估工法是由定额人员、技术人员和老工人组成估工组，依照产品的技术要求和生产技术组织条件，根据过去完成该项工作或类似于该项工作的实践经验，来估算出劳动定额的方法。

该方法的优点是工作量小，简便易行，便于劳动定额的及时制定和修订。其缺点是定额水平难以准确，往往受到定额工作人员的水平和经验的限制。因此这种方法一般适合于新产品试制、单件生产、临时性生产和小批生产等情况。

(二)统计分析法

统计分析法是指以过去生产同类产品的统计资料为基础，经过整理分析，结合现实已经变化的生产条件来制定定额的方法。

该方法的优点是由于它以大量统计资料为依据，具有一定的说服力，比经验估工法更能反映实情。其缺点是如果统计资料不合理或不真实，就会影响劳动定额的准确性。这种方法适合的纺织企业类型为生产条件比较稳定、产品比较固定和原始记录、统计资料比较齐全的情况。

(三)技术测定法

技术测定法是运用劳动测量技术（实地观察、时间测定和技术计算等）直接对在一定生产技术组织条件下进行的劳动过程进行时间消耗量的测定分析，然后来制定定额的方法。

劳动测量方法大致可以分为现场测时和分析测时两大类。

1.现场测时

现场测时是在生产现场观测劳动过程的内容和时间，主要以秒表法和工时抽样法为代表。现场测时的工作内容主要是工作日写实和测时两部分。工作日写实是针对一个或一组人在整个工作日中的活动过程，按照每一项活动出现的先后顺序，依次如实地进行时间观测和记录，其主要目的是确定劳动者在劳动过程中各种时间消耗的构成。测时是根据预先确定的精度要求，对重复性劳动过程中若干次相同过程进行时间观测、记录、分析和整理，其目的是确定重复性劳动中平均一次相同过程所需要耗费的工时。

2. 分析测时

分析测时是不在生产现场观察，而是通过对劳动过程进行内容分析，利用预先规定的基本时间资料等进行综合后给定劳动过程的时间。主要以预定时间标准法（Predetermined Time System，简称PTS）为代表。预定时间标准法是将作业分解为一系列动作，把预知的各动作时间值累加起来得到作业的时间值。这些动作的时间值是通过大量的科学实验和必要的修正后得出的。

技术测定法科学依据充分，定额制定准确。但是制定过程比较复杂，工作量大、专业性强。这种方法适用于生产技术组织条件比较正常、产品品种比较固定、批量较大的企业。

四、时间组织的移动方式

产品生产周期的计算是以产品各工序的生产周期为基础的，当产品按一定的批量进行加工时，便在工序间形成若干不同的移动方式，移动方式不同，便会形成不同的生产周期，成批产品加工的移动方式主要有三种。

（一）顺序移动方式

顺序移动方式是指把一批产品或在制品在前一道工序全部加工完毕后，整批地转移到下一道工序去加工，如图2-2所示。

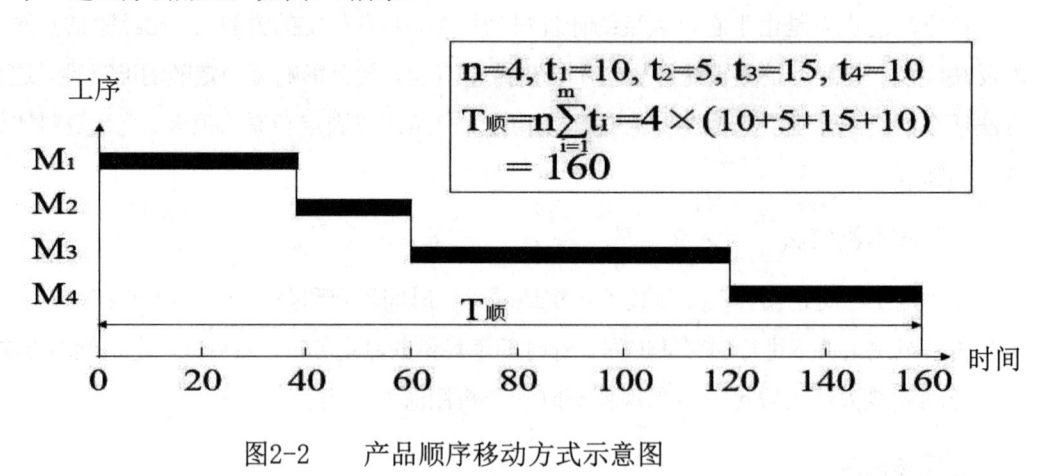

$$n=4,\ t_1=10,\ t_2=5,\ t_3=15,\ t_4=10$$
$$T_{顺}=n\sum_{i=1}^{m}t_i=4\times(10+5+15+10)=160$$

图2-2　产品顺序移动方式示意图

公式：

$$T_{顺}=n\sum_{i=1}^{m}t_i$$

式中：$T_顺$ 为顺序加工周期；
   n 为批量；
   m 为工序数；
   t_i 为工序时间。

这种方法的优点是组织简单，缺点是整批产品加工周期长。

（二）平行移动方式

平行移动方式是指一批产品中的每一件在前一道工序加工完毕后，立即转移到后道工序中去加工或等待加工，如图2-3所示。

公式：

$$T_平 = \sum_{i=1}^{m} t_i - (n-1)T_L$$

式中：$T_平$ 为平行移动方式的加工周期；
   T_L 为最长的单位加工时间。

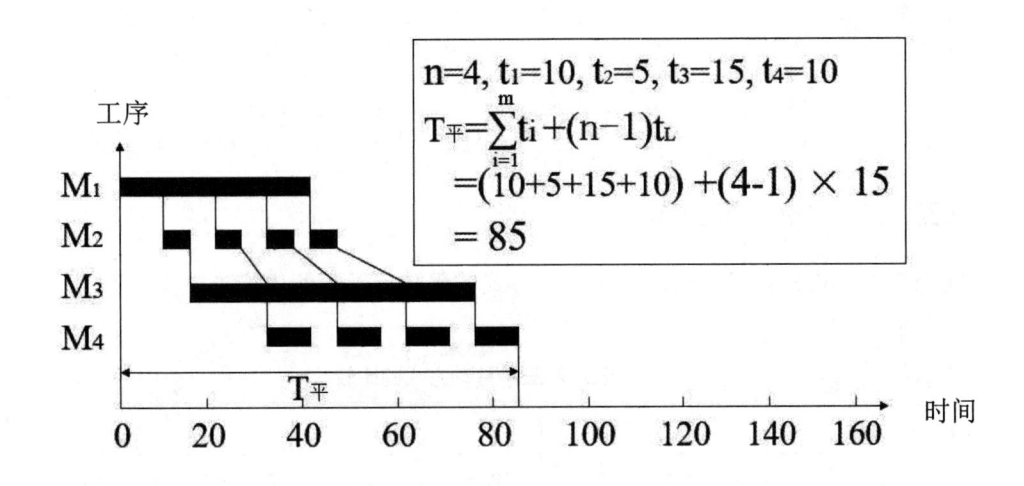

图 2-3 产品平行移动方式示意图

图中计算：
n=4, t_1=10, t_2=5, t_3=15, t_4=10
$T_平 = \sum_{i=1}^{m} t_i + (n-1)t_L$
   = (10+5+15+10) + (4-1)×15
   = 85

平行顺序移动方式综合了顺序移动方式与平行移动方式的优点，既保证工作地连续加工，便于工作地组织，又可以保证较短的生产周期。

（三）平行顺序移动

在平行顺序移动方式下，因长短工序的次序不同，有两种安排方法。

①当前道工序的单件时间小于后道工序的单件时间时，将加工完的每一个产品立即转入后道工序去加工，即按平行移动方式移动。

②当前道工序的单件时间大于后道工序的单件时间，只有当前道工序上完工的产品数

足以保证后道工序能连续加工时，才开始将前道工序完工的产品转入后道工序。如图2-4所示。

$$n=4, t_1=10, t_2=5, t_3=15, t_4=10$$

$$T_{平顺}=n\sum_{i=1}^{m}t_i-(n-1)\sum_{m-1}^{j=1}\min(t_j, t_j+1)$$

$$=4\times(10+5+15+10)-(4-1)\times(5+5+10)$$

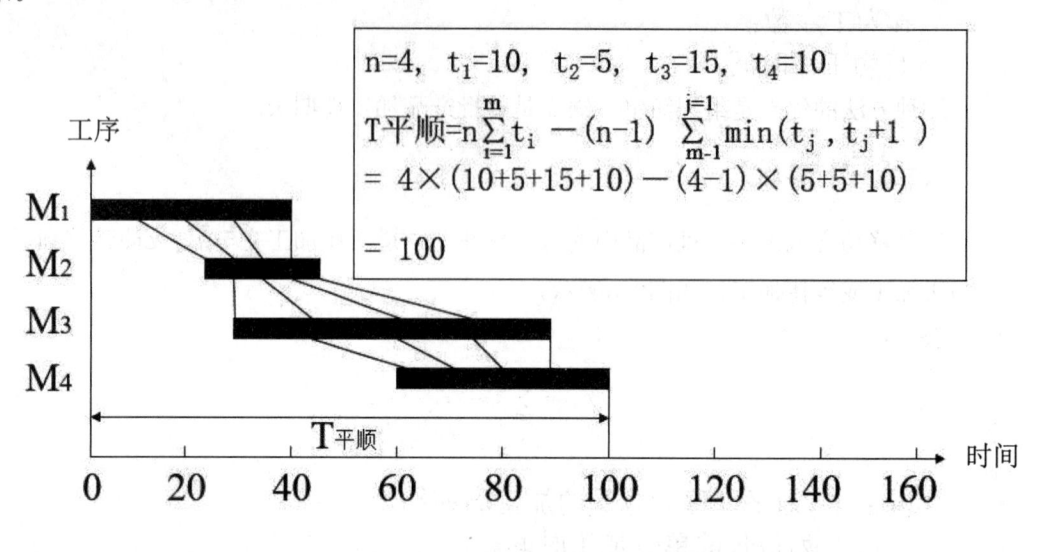

$$=100$$

图 2-4　产品平行顺序移动方式示意图

公式：

$$T_{平顺}=n\sum_{i=1}^{m}t_i-(n-1)\sum_{s=1}^{m-1}t_s$$

（四）三种移动方式的比较

以上三种方式各有优缺点，三种移动方式的优缺点及适应生产方式见表2-2。

表2-2　三种移动方式的比较

移动方式	顺序移动	平行移动	平行顺序移动
优缺点	管理简单，设备不停歇，可充分负荷；有等待现象，加工周期长。	周期最短；设备有停歇；运输频繁，管理复杂。	两者结合，扬长避短。
适应的生产方式	单件小批；加工时间短，调整时间长，工艺专业化。	大量大批；加工时间长，调整时间短；对象专业化。	单件小批；大量大批；加工时间长，调整时间短；对象专业化。

【实施任务】

已知某零件加工需五道工序，其单件加工时间分别为10分钟、10分钟、5分钟、15分钟和20分钟,批量为4,求整批零件加工周期。

【知识点检测】

1. 平行、顺序和平行顺序三种移动方式各自的特点是什么?
2. 劳动定额的制定方法有哪些?

任务3 生产过程的劳动组织

【任务导入】

某公司将在11月份执行为期2周的年度岁修,岁修期间公司将没有产品产出,同时不能影响对客户的交货,请问如果你是公司负责人,将如何进行人员劳动的协作安排,来规避对客户交货的影响?

【任务分析】

要完成本次任务,必须明确以下问题。

1. 劳动协作的特点是什么?
2. 如何进行劳动定员?

【知识点讲解】

劳动组织是指科学地组织劳动者之间的分工与协作,把劳动者与劳动工具、劳动对象有机地结合起来,充分发挥每个劳动者的技能和积极性,使所有人员都能围绕企业目标协同工作,从而不断地提高劳动生产率。

劳动组织也就是人们在劳动过程中,在分工与协作的基础上,把工人之间的协作关系从空间和时间上有效地组织起来,其目的在于所有的人员能协调地工作,有效地利用人力、物力及时间。

一、劳动分工与配备

(一) 劳动分工

实行劳动分工,把企业生产工作经过科学分解,形成各种不同性质的工作任务,表现为工作简化和专业化。劳动分工能使劳动者较快地掌握业务和技术,提高劳动熟练程度,从而提高效率,降低成本。但劳动分工也会造成劳动单调、乏味,影响劳动者的全面发展。

1. 劳动分工的原则

(1) 明确职责。

(2) 充分利用工时。

(3) 分工粗细适当。

2. 劳动分工的形式

按职能进行分工,把企业的全部人员分为工人、管理人员、工程技术人员、服务和其他人员。此外，在生产中一般还以专业技术内容为主进行分工。即根据一定的生产技术条件，把整个生产过程划分为若干个工区或者工序，再把性质相同的工作加以集中合并，组成有一定工作量的工种，使作业人员有适应自己特点的工种。

劳动分工的形式有以下几种。

（1）按不同的工艺阶段和工种分工。纺织企业往往把生产过程分为若干个工序，每个工序配备不同工种的工人。

（2）按基本工作和辅助工作分工。如纺织车间把辅助工作和挡车工作分开。每道工序除了挡车工的基本工作以外，还配备一定数量的辅助工。

（3）按技术等级的高低分工。同一工种，可根据技术复杂程度的高低和责任的大小，划分为不同的等级。使工人的技术等级与工作的技术等级相符合，以利于人尽其用，促进劳动者技能的提高。

特别注意：企业是一个生产经营系统，需要各部门、各小组、各组织成员的通力合作。

（二）人员配备

劳动分工的目的在于合理地配备人员。人员配备是指根据企业生产的特点和劳动的性质、内容和要求，为不同的工作岗位配备相应的工种和等级的职工，使人尽其才，才尽其用。合理配备人员的基本要求有三个方面。

（1）充分发挥员工的技术专长和能力，使其工种对路、等级相适、各尽其能。

（2）使员工的工作日负荷饱满。

（3）使每个员工都有明确的岗位，并建立相应的岗位责任制。

二、劳动协作与劳动组织

（一）劳动协作

有分工就有协作，分工是协作的前提，协作是分工的必然结果。在同一部门中，或在不同的却相互联系的部门中的员工，有组织地协同劳动，这种劳动形式称为协作。

（二）劳动组织

企业在实行劳动分工和协作的基础上，必须从空间和时间上有效地组织起工人之间的协作关系，这就是劳动组织。

1. 生产小组的组织

生产小组是纺织企业劳动组织最基层的作业单元，是为了完成生产任务，若干个工人在适当分工的基础上，相互密切配合而组成的劳动集体。通常下列情况需要组成生产小组。

（1）生产工作不能由一个工人独立完成，必须要由几个人共同完成。

(2) 看管大型复杂设备。

(3) 工人的工作地范围较大，工作任务比较单一。

2. 生产轮班的组织

生产轮班是劳动协作在时间上的表现形式，尤其是早班、中班、夜班生产连续进行的纺织企业，通过轮班的劳动组织形式，把上下轮班之间的协作关系从班间上联系起来，保证生产顺利进行。

轮班的组织工作取决于企业的生产任务和生产性质。如纺织厂可以组织三班制和四班三运转制，服装类、纺织机械类企业则可组织一班制或两班制生产在多班制生产时应做好以下几项工作。

(1) 合理安排各班工人的倒班。

(2) 各班的生产工人整体技术水平应基本平衡。

(3) 为各班提供相同的生产条件。

(4) 生产轮班必须建立严格的岗位责任制和交接班制度。

三、劳动定员及方法

(一) 劳动定员

劳动定员是根据企业的产品方向和生产规则以及先进合理的劳动定额，按照工作需要，本着精简机构、节省人员和提高效率的原则，确定企业各类人员的数量。劳动定员的基本要求有以下几个方面。

1. 先进合理原则

既要考虑到现实的技术组织条件，又要充分挖掘劳动潜力，压缩人员。

2. 正确处理各类人员的比例关系原则

这个原则主要有五种方法。

(1) 劳动效率定员法。该方法是根据生产任务和工人的劳动效率计算定员人数。这种方法主要适用于有劳动定额的人员。

(2) 设备定员法。这种方法是根据完成一定的生产任务所必须开动的设备台数和班次以及单机设备定员计算编制定员，主要运用于以机械操作为主、多机台看管的工种。

(3) 岗位定员法。这种方法就是根据标准工作班次、岗位数和岗位人员配备数额计算编制定员，这种方法适用于大型装置生产、自动流水线生产以及某些看守性岗位。

(4) 比例定员法。该方法是以纺织企业的职工总数或某一类人员占总数的比例计算某种人员数量。这种方法主要适用于后勤服务人员的定员。

(5)职责定员法。这种方法是按照既定的组织机构和职责范围以及机构内部的业务和岗位职责来确定人员。此方法适用于管理人员和工程技术人员的定员。

四、用工制度与劳动考核

(一)劳动用工制度

目前,我国劳动用工制度实行的是全员劳动合同制。劳动合同是劳动者与用人单位确立劳动关系、明确双方权利和义务的协议。建立劳动关系应当订立劳动合同。它具有法律约束力,合同双方必须履行劳动合同规定的义务。劳动合同应当以书面形式订立,一般包括以下内容:劳动合同期限、工作内容、劳动保护和劳动条件、劳动报酬、劳动纪律、劳动合同终止的条件和违反劳动合同的责任。除此之外,双方还可协商约定其他内容。

(二)劳动考核

对职工的劳动绩效进行考核,对他们的物化劳动成果的大小进行正确评价,是提高劳动生产率的重要手段。科学的考核方法能为职工报酬分配提供依据,并起到激励员工的作用。劳动绩效考核应遵循以下原则。

(1)考核内容应直观、量化,减少定性的考核项目。

(2)考核程序简明、操作性强。

(3)考核指标适度。

(4)考核参照公平原则。

(三)劳动保险

1. 劳动保险的内涵

劳动保险是依据国家法律规定筹集资金,对劳动者在生、老、病、死、伤残和待业的时候,由于暂时或永久地丧失劳动能力或暂时失去工作,给予物质帮助的一种社会保障制度。它是由国家、企业、个人共同负担,全社会统筹管理的保障制度。即保障管理社会化,保险全方位,结构多层次,费用由国家、企业、个人共同负担的新型外部保障体制。

2. 劳动保险的主要作用

(1)有利于减轻企业负担。

(2)有利于解决企业负担不均而影响企业间平等竞争的问题。

(3)有利于改善职工的后顾之忧,激发劳动者的积极性、创造性。

(4)有助于消除社会不安定因素,实现社会的长治久安。

3. 劳动保险的主要内容

（1）生育保险。

（2）工伤保险。

（3）养老保险。

（4）医疗保险。

（5）失业保险。

【实施任务】

以本组调研公司为例，分析该公司劳动分工的特点。

【知识点检测】

1．劳动定额制定有何必要性？

2．劳动保护和劳动保险的作用和内容有哪些？

项目三

纺织生产计划管理

计划是企业管理的首要职责，也是做好生产管理工作的重要前提和条件。纺织企业生产管理人员必须以生产能力的分析与规划作为基础，认真研究制定生产计划和生产作业计划，用于指导生产，同时还要将各生产要素最有效地组合起来，以提高生产管理效率和实现管理目的。

【思政融入】

熟悉纺织生产计划的体系、内容和指标，通过管理创新实践助力企业发展的教学案例，增强学生创新精神；通过纺织工序分析、制订生产计划，探索纺织生产的改进措施，培养学生的创新精神和精益求精的工匠精神。

任务1 核算纺织生产能力

【任务导入】

某纺织企业用300台布机，生产29tex×29tex×236×236×160cm平布，布机车速为600转/分，效率95%，运转率98%。该企业每年有效工作日为306天，每天三班运转，每班实际工作时间为7.5h。

【任务分析】

要完成本次任务，必须明确以下问题。

1. 生产能力的概念？纺织生产能力的分类？
2. 如何计算纺织生产能力？

【知识点讲解】

一、生产能力的核定

生产能力对纺织企业和企业中各个层次的管理工作都具有重要意义。纺织企业在确定生产规模、编制长远规划、安排基本建设计划和进行重大技术改造，以及编制年度生产计划、确定生产指标等各种战略、战术决策时，都必须以生产能力为重要依据。

（一）生产能力的概念

纺织企业的生产能力，是指在一定的时期内直接参与生产过程的设备，在一定的组织技术条件下，经过综合平衡能生产一定种类的纺织产品或加工处理一定数量的纺织原材料的最大数量。它反映了各个生产环节生产性设备的综合能力。

生产技术组织条件：纺织企业的生产活动是在一定的条件下进行的，如工艺条件、人员条件、空间条件、管理条件等。

一定时期：年、季、月、日、轮班和小时都可以作为计算生产能力的时间单位，但通常以年为单位。

生产能力：纺织企业的生产能力可以直接用生产产品的数量来表示，也可以用机器设备数量、职工人数或以细纱锭子数、织布机台数表示。

（二）生产能力的种类

生产能力一般分为以下三种。

1. 设计能力

设计能力是纺织企业在基本建设时，按照工厂设计中规定的企业产品方案、技术方案和各种数据确定的，设计任务书与技术文件中所规定的生产能力，是新建、扩建、改建后的纺织企业应该达到的最大年产量。

2. 核定能力

核定能力是指纺织企业根据新的生产条件而重新核定的能力。这是纺织企业的产品方案、协作关系、工艺设备和生产技术条件较投产建设时发生了很大变化，企业必须重新调查核定的生产能力。

3. 计划能力

计划能力是指纺织企业在计划年度内实际能够达到的生产能力。它是根据纺织企业现有的生产技术组织条件，并考虑到本企业能够实现的各种技术组织措施，在计划年度内实际可能达到的生产能力。它反映了纺织企业的现实生产能力。

（三）影响生产能力的因素

影响纺织企业生产能力的主要因素有三个：一是生产中纺织机器设备的数量；二是设备的工作时间；三是设备的生产效率。即：设备数量、设备计划工作时间、设备利用率、设备运转率和设备单产。

二、生产能力的计算

在纺织企业中，确定生产能力有一定的程序，先从每台机器设备的生产能力开始，然后把同种类型机器汇总成工序生产能力，最后根据主要车间的生产能力来确定企业的生产能力。如纺部的生产能力以细纱车间的生产能力来衡量，织部的生产能力以织布车间的生产能力来衡量。针织厂则以成衣车间的生产能力来衡量。因此在计算主要设备生产能力的同时，必须考虑企业中其他设备和生产中薄弱环节，以便找出企业挖掘潜力的方向。

生产能力的大小取决于四个基本因素：即生产的产品品种，已安装的设备数，设备工作时间及设备生产能力技术定额。

生产能力＝安装设备数×设备工作时间×运转率×设备单产

式中：

设备工作时间＝设备生产天数（计划期生产天数）×每天生产班数×每班生产小时数

运转率＝运转设备总锭（台）时数×100%/利用设备总锭（台）时数

运转率＝1－计划停台率

设备论单产：即设备生产率定额，是指单位设备在一定的工艺条件下、单位时间内应生产的产品数量，或者生产单位产品所耗用的台时数，它的确定主要受设备理论单产和生产效率的影响。

设备理单产：是指单位机台设备在设计的工艺条件下，单位时间内应生产的产品数量或生产单位产品所耗用的台时数。

生产效率：是指机台的实际单位产量与理论产量之比，即：

生产效率＝实际单位产量×100%/理论单位产量

设备生产率定额＝设备理论生产率定额×生产效率

纺织厂中的生产能力通常以实物折算成标准品计算，不同品种先算出分品种的数量，然后折合成标准产量再汇成总产量。但是纺织企业产品的生产是多种形式的，有的产品采用流水线生产，有的产品是批量生产的，下面介绍其生产能力的计算。

（1）生产能力的核定

1. 流水线生产能力的计算

流水线的生产能力取决于每道工序设备的生产能力，所以计算工作应以单台设备开始。计算公式：

$$M_S = \frac{F_e}{t_i}$$

式中：M_s为单台设备生产能力（件／台）；

F_e为单台设备计划期（年）有效工作时间（小时）；

t_i为单件产品在该设备上加工的时间定额（小时/件）。

(1) 当工序由一台设备承担时，单台设备的生产能力即为该工序生产能力。

(2) 当工序由S台设备承担时，工序生产能力为：$M_s×S$。

(3) 但由多工序设备组成的流水线，流水生产线的生产能力只能由最小工序能力确定。

2. 成批加工企业生产能力的计算

这种类型的企业，生产单位的组织往往采用工艺专业化原则，往往由多工序设备生产能力进行平衡后来确定。往往设备能力不能最大程度地发挥，生产能力的计算如下。

(1) 单台设备产能计算。设备加工的产品品种不同，时间不同，只能用设备的有效加工时间来计算。计算公式：

$Fe=F_0×(1-\theta)$

式中：

Fe:设备有效工作时间；

F_0:年度工作时间；

θ:设备计划停台率。

(2) 班组产能计算。班组产能的计算，是以班组生产最后工序，全部设备在有效加工时间之内的累计产能就是班组的生产能力。

(3) 车间产能计算。车间的产能和班组的产能计算一样是以车间最后工序，全部设备综合平衡后产量计算。

(4) 工厂产能的确定。工厂生产能力可以参照主要生产车间的能力来确定，能力不足的车间，可以用调整措施来解决。

【例】某厂用300台布机，生产29tex×29tex×236×236×160cm平布，布机车速为600转/分，效率95%，运转率98%。计算布机的生产能力。该纺织企业每年有效工作日为306天，每天三班运转，每班实际工作时间为7.5h。

解：布机生产能力：

布机理论产量＝(600×60)/(236×10)＝15.25米/台时

布机定额产量＝理论产量×效率＝15.25×95%＝14.49米/台时

300台布机小时生产能力＝14.49×300×98%＝4260.06（米）

300台布机全年生产能力＝4260.06×7.5×3×306＝29330513.1米

（二）工序生产设备配合的确定

纺纱生产除售纱之外，是根据织部生产品种和数量来确定生产任务的，而各品种的用纱量则是根据坯布产量和用纱消耗定额求得，必要时，考虑原纱期初和期末差额。因此，必须合理制定原纱定额，正确平衡纱布产量，合理核定原纱储备量。

1. 各工序生产能力的计算和配合

纺织企业是流水线生产，在生产中各车间、各工序的生产必须平衡和配合。平衡各工序生产能力，一般前工序的生产能力（除以制成率后）和后工序的能力必须相相等。各道工序的相互配合，生产能力相匹配的同时，在生产时间和空间上的衔接。

2. 决定各工序的半制品产量

本工序半制品或成品出产量＝后工序半制品或成品出产量/后道工序的制成率

注意：在确定各道工序半制品数量配合时，首先要确定工艺设计中的各种参数和机台的配套组合。

3. 确定各工序配备数量

本工序机器设备利用数＝本工序计划小时产量/本工序机器设备台时生产率定额×（1-计划停台率）

说明：这样如果计算出来的数字是小数，可以把它修正为整数，并与现有设备进行比较，如果修正后的半制品生产量不能适应前后工序的配套比例时，要采取必要的措施，如增加机器设备工作时间，或调整车速和半成品的储备量等来平衡。

三、生产能力的调整

市场经济条件下，纺织企业要根据市场需求和用户订单调整生产能力。调整生产能力的选择方式如下。

1. 调整劳动力及工时

此方法在生产能力需要做较大幅度调整时采用。因为社会和工会对企业聘用和解聘员工有所限制，所以应慎重使用。

此方法主要在生产能力调整幅度不大时采用，利用加班或松闲时间方法，可以维持一个稳定的员工数量，还可为员工增加收入，比解聘或聘用额外工作人员更为可取。

2. 设备调整

利用设备调整和改善，同样可以达到小幅度调整生产能力的目的，例如停用部分纺织设备或引进先进纺织设备。

3. 转包合同

此方法主要通过对外协作，采用相互协作配合，共担风险的机制，达到迅速调整生产能力，减少经营风险的目的。但应注意加强协作配套企业的质量和信誉管理。

【实施任务】

某厂有20台细纱机（20000锭），细纱机前罗拉速度为280r/min，直径25mm，效率96%，运转率97%，捻缩率3%。该细纱车间每年有效工作日为306天，每天三班运转，每班实际工作时间为7.5h。

请计算细纱工序的生产能力。

【知识点检测】

1. 影响纺织生产能力的因素？
2. 设计能力、核定能力和计划能力的关系？

与本项目相关的拓展资料请扫二维码

任务2 编制纺织年度生产计划

【任务导入】

某公司将在11月份执行为期2周的年度岁修,岁修期间公司将没有产品产出,同时不能影响对客户的交货,请问如果你是公司负责人,将如何进行生产计划安排,来规避对客户交货的影响?

【任务分析】

要完成本次任务,必须明确以下问题。

1. 纺织生产计划的特点?
2. 制订纺织企业生产计划的步骤是什么?

【知识点讲解】

一、年度生产计划的编制指标

(一)年度生产计划编制的原则

1. 以销定产的原则

随着市场竞争的加剧,纺织企业大多采用小批生产模式,即生产任务是根据用户的订单来确定的。所以,订货决策是生产计划制定的一个十分重要的问题。

是否接受订单?接什么?接多少?必须充分了解市场的需要、企业的生产技术条件、企业生产能力及价格和交货期等,这是制定生产计划的重要依据。

2. 生产计划编制的依据

生产计划编制的依据主要考虑两方面:一方面要考虑满足市场的需要;另一方面要考虑纺织企业的生产可能性,包括人、财、物、信息等各种资源条件,其中合理利用生产能力是个重要因素。

企业生产能力是指企业在最合理的组织技术条件下,在一定时间内可能生产一定产品的最大产量,也就是在综合企业现有机器设备、原材料供应、劳动力配备等客观条件,考虑生产过程中的薄弱环节,经过平衡后可能实现的最大生产量。一般以总产量表示。

生产能力是反映企业生产可能性的重要指标之一,在制订企业生产计划时,只有当企业计划符合生产能力水平时,才能充分地合理地利用生产能力,计划也就有了实现的可靠基础。如果企业生产计划过分低于企业生产能力水平,生产能力就不能得到充分利用,势必要造成损失;反之,如果企业生产计划超过企业生产能力水平,计划就失去了切实可靠的基础。

(二) 年度生产计划编制的内容

生产计划工作是指生产计划的具体编制工作。其具体内容如下。

1. 外部环境的调查

（1）收集国内外市场的技术经济情报。

（2）市场调查，包括市场对纺织企业产品品种、数量的需要。

（3）外部条件中资源保证情况，主要指纺织原料、辅料、燃料、动力等的供应情况。

2. 企业内部环境的调查

（1）上期生产计划完成情况、技术组织措施。

（2）计划生产能力。

3. 统筹生产计划指标

计划人员应对全年的生产任务作出统筹安排，在充分沟通协商的基础上，确定生产计划指标，主要包括八个方面。

（1）产品品种的合理搭配生产。

（2）产、供、销平衡。

（3）专业化生产，产品合理分工。

（4）生产品种要与企业设备技术条件相适应。

（5）分析产品的综合经济效益，在可能范围内使企业获得最大经济效益；所以在品种的选择上必须注意品种的选择与设备的基本平衡。

（6）产品出产进度安排。

（7）生产协作指标。

（8）分厂、车间的生产指标。

4. 平衡生产计划指标

在编制生产计划时，要将需要与可能结合起来，把初步提出的生产计划指标同各方面的生产技术条件进行综合平衡，主要包括五个方面。

（1）生产任务与生产能力之间的平衡。

（2）生产任务与劳动力之间的平衡。

（3）生产任务与物资供应之间的平衡。

（4）生产任务与生产技术准备的平衡。

（5）生产任务与资金占用的平衡。

在综合平衡的基础上,确定和优化生产计划指标,妥善安排产品生产进度计划,保证企业生产秩序和工作秩序的稳定。

5. 报请上级主管部门批准

制定的生产计划,经过反复核算和平衡后,交给生产主管。生产主管再将其报请总经理审查批准。有的直接由生产主管批准,报送总经理处备案。

6. 填报生产计划表

作生产计划应考虑以下主要问题。

（1）市场需要什么?

（2）能生产什么?

（3）怎么生产出来?

（4）什么时间生产出来?

（5）生产多少?

（三）确定年度生产计划的指标

1. 产品品种指标

产品品种指标是指企业在计划期内应当生产的产品品名和品种数。纺织产品品种按具体产品的用途、型号、规格、花色来划分。该指标是由对市场需求的预测或同有关单位签订的合同决定的。

2. 产品质量指标

产品质量指标规定了产品质量应达到的水平,用产品质量的技术标准来衡量,包括内在质量标准和外观质量标准。

纺织产品的技术标准和质量标准有国际标准、国家标准、行业标准和企业标准。

3. 交货期

交货期即交货期限指标,是指各品种在投入和产出时间上的规定要求。

4. 产品产量指标

产品产量指标是指企业在计划期内,在一定的生产技术组织条件下,应该生产的符合质量标准的产品数量。产品的产量指标以实物单位计量,例如,纱以吨（t）计量,布以米（m）计量。纺织产品产量包括成品和准备出售的半成品数量。成品是指生产完毕后在本企业内不再进行加工制造的产品,如纺织厂的坯布。半成品是指在本企业已经完成某一制造阶段，但尚未完成产品全部制造的制品，如纺织厂的筒子纱。由于对外出售的半成品在企业内部已不需要进一步加工，故可视为产成品。

5. 产值指标

产值指标是指用货币表示的产量指标。

6. 商品产值

商品产值指企业在计划期内出产的可供销售的商品价值。它反映的是计划期内可以向社会提供的商品总量和可能换回的货币数量。其中纺织产品产值包括三个方面。

（1）本企业自备原料生产的可供销售的纺织成品、纺织半成品的价值。

（2）外单位来料加工的纺织产品加工价值。

（3）对外承做的工业性劳务价值。

7. 总产值

总产值是以货币表示的企业计划期内完成的工业生产活动总成果数量。它是计算企业发展速度和劳动生产率等指标的依据。其中纺织总产值包括三个方面。

（1）本企业计划期内的全部纺织商品产值。

（2）订货者来料加工的材料价值。

（3）纺织企业的在制品、自制工具等期末与期初结存量差额的价值。

8. 工业增加值

工业增加值是指工业企业在一定时期内工业生产活动创造的价值，是国内生产总值的组成部分。工业增加值就是工业总产出中扣除中间消耗以后的价值。

二、年度生产计划的编制方法

1. 品种优化法

该方法由波士顿咨询集团提出，借助于矩阵形式进行分析。它将影响企业产品品种的因素归结为市场吸引力（业务增长率）和企业实力（企业在市场上的相对竞争地位）两大类，据此对产品进行评价，确定对不同的产品应采取的策略。然后从整个企业实际情况出发，确定最佳产品组合方案。

矩阵的四个象限分别代表了四类不同性质的产品——"金牛""明星""幼童"和"瘦狗"。如图3-1所示。

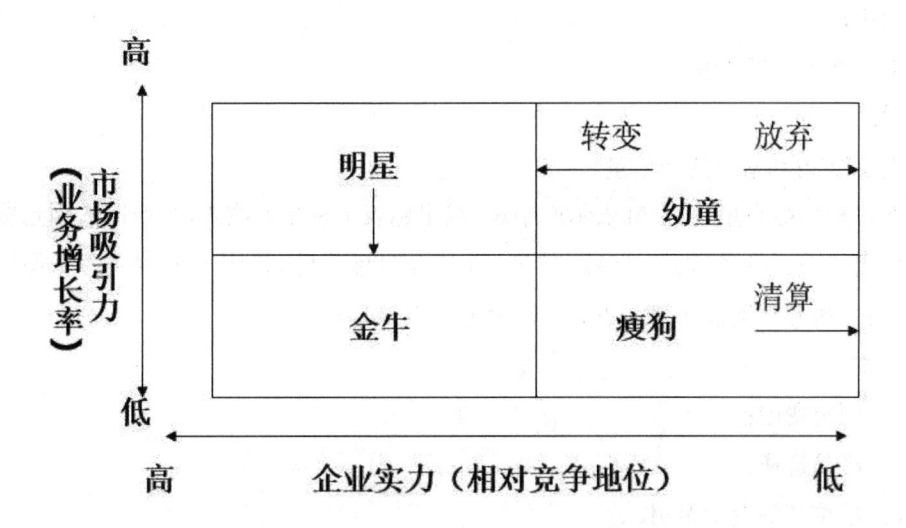

图3-1 品种优化矩阵图

（1）金牛类产品是企业目前现金流入的主要来源，应努力巩固其市场地位。
（2）明星类产品为企业未来发展提供增长与赢利机会，应优先考虑加快其发展。
（3）瘦狗类产品妨碍企业的发展，应果断淘汰。
（4）幼童类产品则应在进一步分析后，做出要么加强，要么放弃的选择。

2. 产量优化法

可以采用盈亏平衡分析法确定，如图3-2所示。

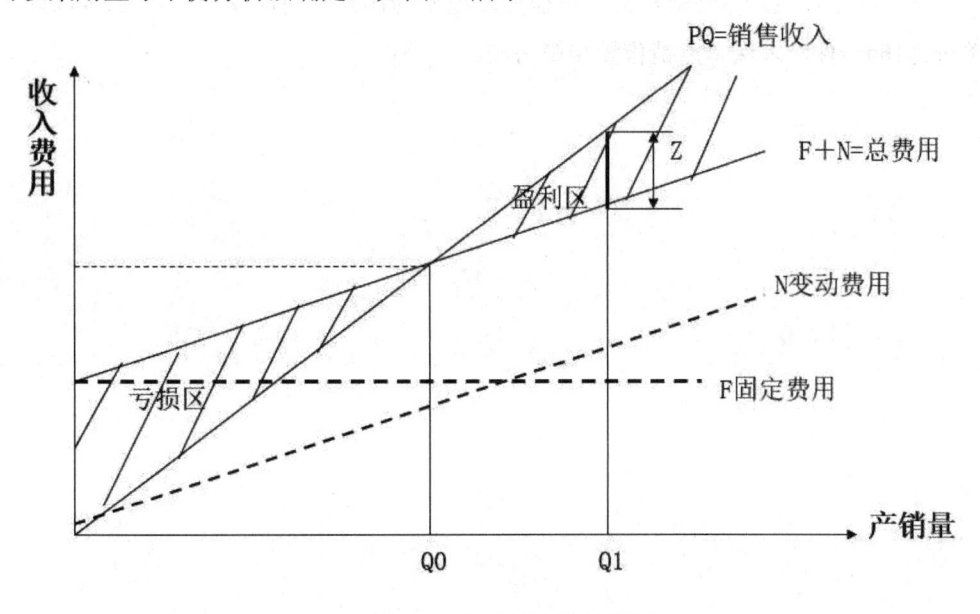

图3-2 产品盈亏平衡图

图中：

Q_0：盈亏平衡产量；

P：价格；

Q_1：定盈利水平的产销量。

在直角坐标系里，以横轴表示产销量，纵坐标表示费用及收入，将产品的固定费用（F）、变动费用（N）和销售收入（S）画在同一个直角坐标系里，即构成产品盈亏平衡图。

（1）盈亏平衡点（保本点）：$Q_0=F/(P-C_v)$

其中：

F：固定费用；

P：产品价格；

C：单位产品变动费用。

纺织企业安排产量指标时，原则上不应低于盈亏平衡点。

（2）保证一定盈利（Z）水平的产销量。

$$Q_1=(Z+F)/(P-C_v)$$

【实施任务】

某纺织集团需要一种坯布，若由本集团纺织厂生产单位变动成本为8元/米，生产坯布的固定耗费总额为40000元；若以市场价购买此坯布，价格为10元/米。问：自制还是购买？

【知识点检测】

某纺织企业生产牛仔裤产品，单位变动成本为10元，固定成本总额为20000元，销售单价为15元/件，求保本点销售量和销售额。

任务3 编制纺织生产作业计划

【任务导入】

某纺织厂织造车间 5 月份出产某品种的平布应达到累计 1500 万米，平均日产量 50 万米。若其生产运作批量为 600 万米（按照两班估算），且织造车间 4 月份实际已出产 1600 万米和投入 2200 万米（折算之后）。试编制织造车间 5 月份的作业计划。

【任务分析】

要完成本次任务，必须明确以下问题。

1. 纺织生产作业计划的内容是什么？
2. 编制纺织生产作业计划的依据是什么？

【知识点讲解】

生产作业计划是生产计划的具体执行计划。它具体详细地规定了各车间、工段、班组以至每个工作地和个人在较短的时间内（月、周、轮班、小时）的具体生产任务。它不是站在企业整体的角度，而是站在企业的每个生产运作单位或工作地和个人的角度，解决"生产什么，生产多少，什么时候完成"的问题，从而保证企业按品种、质量、数量、期限和单位成本等全面完成生产任务。

期量标准，也称生产作业计划标准，它是对劳动对象在生产过程中的运动所规定的时间和数量标准。期量标准是制定生产作业计划的重要依据。

一、生产作业计划的特点、内容和编制依据

（一）生产作业计划的特点

企业的生产计划确定后，还必须进一步编制企业生产作业计划。生产作业计划是生产计划的具体执行计划。它具有以下特点。

（1）在空间上，它把纺织企业的生产任务具体分配到各车间、工段、班组、工作地和个人。

（2）在时间上，它把较长时期（年度或季度）的生产任务细分成月、旬、周、日、轮班、小时等较短时间的生产任务。

（3）在计划单位上，它把成品产品细分到半成品、工序和机台。

（二）生产作业计划的内容

（1）车间内部的作业计划。它是指把企业的生产计划（一般是年度或季度）具体分解为车间内部的生产作业计划（一般是按月编制）并进一步分配为工段、班组在短时期内（如月、旬、周等）的具体生产任务。

（2）生产准备计划。它是根据生产作业计划任务，拟定各期间内原材料供应、设备维修和工艺设计、管理等技术文件的准备计划和劳动力调配等生产准备计划，保证生产计划的执行。

（3）生产成本计划。它是使计划成本控制在预定目标内。

（4）生产用工计划。它是根据生产计划的任务，具体安排每个工作地用工人数和工人的生产任务，它是保证纺织企业劳动生产率保持在先进水平的重要管理措施。

（三）生产作业计划的编制依据

（1）年度、季度生产计划和订货合同。

（2）前期生产作业计划的预计完成情况前期在制品周转结存预计。

（3）劳动定额及完成情况。

（4）现有生产能力与负荷情况。

（5）原材料、设备、工具的准备与供应情况设计及工艺文件的准备情况。

（6）人员配备情况。

（7）生产现场的基本状况。

二、成批生产的期量标准

成批生产类型在纺织生产中占有一定的比重，成批生产的主要期量标准有批量、生产间隔期、生产周期、生产提前期、在制品占用量等。

（一）批量与生产间隔期

批量是指相同制品一次投入或出产的数量。生产间隔期是指相邻两批相同制品投入或出产的时间间隔。

1. 批量与生产间隔期的关系

批量＝生产间隔期×平均日产量

2. 批量与生产间隔期对企业经济效益的影响

增大批量，延长生产间隔期，会减少设备调整次数和费用，提高设备利用率，有利于生产运作组织,保证产品质量,但也会延长生产周期,增加在制品数量及管理费,占用大量的资金。反之,减少批量,缩短生产间隔期,将出现与上述情况相反的结果。因此,应根据本企业实际情况合理确定批量和生产间隔期,方法有以下两种。

(1)以量定期法。即先根据综合经济效果确定批量(一般取在制品储存管理费用和设备调整费用之和最小时的批量),然后推算生产间隔期。

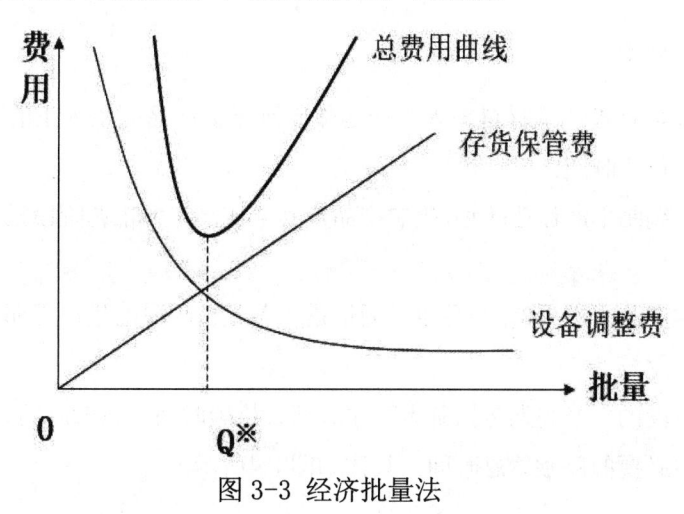

图 3-3 经济批量法

图中:

在制品年储存费用:$(Q^*/2)C \cdot i$

年设备调整费用:$(N/Q)A$

年总费用:$f(Q)=(Q/2)C \cdot i+(N/Q)A$

$$Q^* = \sqrt{2N \cdot A / C \cdot I}$$

式中:Q^*为经济批量;

  N为年产量;

  Q为生产批量;

  C为单位成本;

  I为在制品年存储费用率;

  A为设备每次调整费用。

(2)以期定量法。即先确定生产间隔期,再决定相应的批量。此方法计算简便,适应性强,纺织企业应用较多。

(二)生产提前期

生产提前期是指一批制品在各工艺阶段投入或出产的日期比成品出产日期提前的天数,有投入提前期和出产提前期之分。

$$D_{出} = D_{后段} + T_{保}$$

$$D_{投} = D_{出} + T$$

式中：

$D_{出}$、$D_{投}$：分别表示某工艺阶段的出产提前期和投入提前期；

$D_{后}$：表示后一工艺阶段的投入提前期；

$T_{保}$：表示前后工艺阶段之间的保险期；

T：表示该工艺阶段的生产周期。

（三）生产周期

产品生产周期是指从原材料投入生产运作起到最后产品完工为止的整个生产运作过程所经历的全部日历时间。

生产周期是编制生产作业计划，确定产品及其半成品在各工艺阶段投入期和出产期的重要依据。

以纺织服装产品生产为例，产品生产周期是以各工艺阶段的生产周期为基础来加以确定的。

每个工艺阶段的生产周期包括基本工序时间、检验时间、运输时间、等待工作时间、自然过程时间、必要的停歇休息时间。具体如图3-4所示。

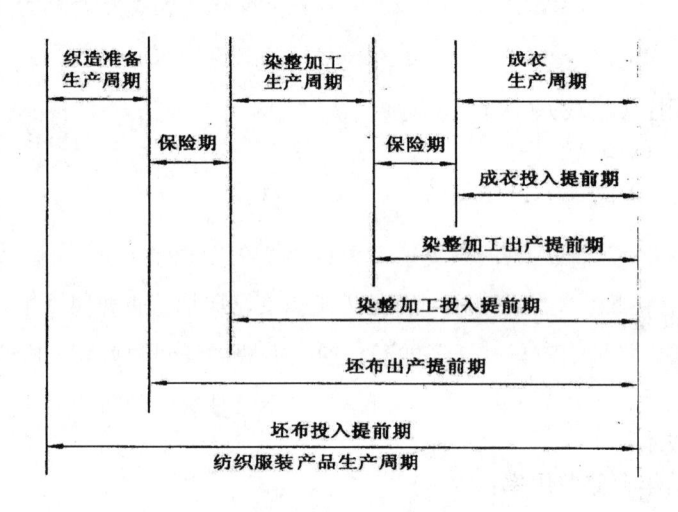

图3-4 纺织服装产品生产周期

（四）在制品占用量

在制品是指车间工序内部尚未完工的、正在进行工艺加工、运输和停放的在制品或半成品（如条筒、经轴等）。在制品占用量（又称在制品定额）是指在一定的组织技术条件下，为保生产正常进行，生产过程各个环节所需占用的最低限度的在制品数量。

成批生产条件下，在制品包括车间内部在制品和车间之间的库存在制品两部分。

车间内部在制品是由于成批投入而未完成出产形式的。

车间在制品平均占有量＝一批产品生产周期×平均日产量

$$=批量 \times \frac{一批产品生产周期}{生产间隔期}$$

库存在制品占用量是由于前后车间的批量和生产间隔期不同而形成的。一般包括库存周转在制品、库存保险在制品。

库存周转在制品平均占有量＝每日需要量×库存天数

$$=\frac{后车间领用数量}{两次领用间隔期} \times (前车间出产间隔期 - 后车间投入间隔期)$$

库存保险在制品占有量＝每月平均需要量×保险天数

三、生产作业计划的编制

（一）产品出产进度的安排

编制产品出产进度计划，就是将计划年度已确定的生产任务，按品种、规格、数量具体地分配到各季、各月，并规定各车间的生产任务。

1. 生产日程安排的原则

（1）交货期先后原则。交货时间越急，生产日程安排越要靠前，以保证订货合同规定的交货期限。

（2）客户分类原则。重点客户订单应优先安排。

（3）产能平衡原则。考虑机器满负荷运转，克服瓶颈，尽量避免出现停工待料的现象。

（4）工艺流程的原则。工序越多、工艺越复杂的产品，越应优先安排。

2. 产品出产进度安排

（1）大量大批生产。大量大批生产组织方式通常采用流水生产。主要针对一些市场需求较稳定、生产条件较成熟的产品生产。

随着生产的不断进行，工人不断地提高劳动熟练程度，直至操作稳定，生产效率维持在一定水平上。产品出产进度计划可按图3-5安排方式。

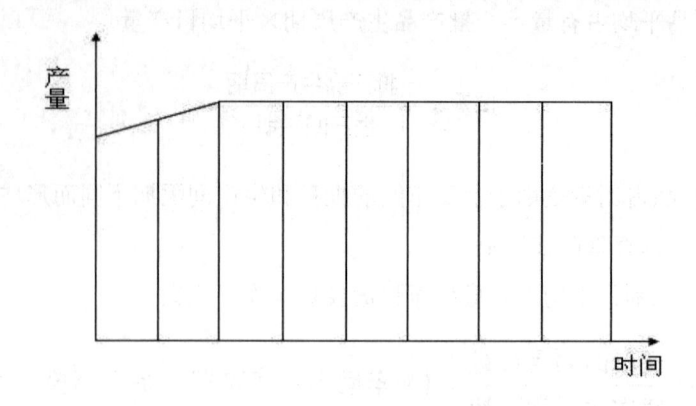

图3-5 产品出产进度计划图

（2）成批生产。成批生产的产品品种较多，每批的数量大小不一，因此安排产品出产进度较为复杂。通常采用的方法是：将产量较大的产品，采用"细水长流"的方式大致均匀地分配到各季各月生产；产量较小的产品，参照用户要求的交货期，按产品结构工艺的相似程度以及设备负荷情况，采用集中的生产方式安排在适当月份生产；新老产品应考虑交替进行，以免生产技术准备工作时松时紧；精密产品、高档产品、一般产品和低档产品搭配安排，以充分利用各种设备生产能力，实现均衡生产。特别是纺织企业可以使高档产品的废料在低档产品中作为主料使用，以发挥更好的经济效益。

（3）单件小批生产。单件小批生产主要根据用户订货合同规定的交货期限和设备负荷来安排产品出产进度。

单件小批生产可采用"倒推法"安排日程如图3-6所示。

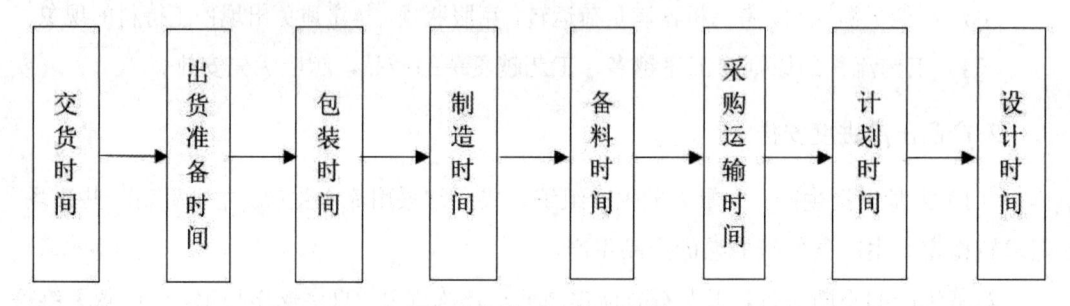

交货时间 → 出货准备时间 → 包装时间 → 制造时间 → 备料时间 → 采购运输时间 → 计划时间 → 设计时间

图3-6 倒推法日程安排图

（二）各车间生产任务的确定

企业生产计划的指标要靠全厂各部门和各生产单位相互配合，共同完成。因此，需要把全厂的生产任务具体分配到各生产车间、工段和班组。

确定各车间生产任务的具体方法，通常是按纺织生产工艺的反方向，首先确定最后成品车间的生产任务，然后再依次确定前面各车间的生产任务。成品车间的生产任务就是纺织企业确定的生产计划指标。其他各车间的生产任务可以按照以下的方法进行计算。

1. 在制品定额法

该方法适用于大量大批生产类型纺织企业，如生产规模较大的棉纺织、毛纺织、化纤企业等。由于该类企业产品品种少，生产较稳定，只要前车间出产的数量能够满足后车间的需要，并保持中间在制品有一定的库存量，就可使各车间的生产均衡地进行。

某车间出产量＝后车间投入量＋本车间半成品外销量＋（中间库库存半成品定额－期初预计半成品库存数量）

某车间投入量＝本车间出产量＋本车间计划废品数＋（本车间内部在制品定额－期初预计车间在制品结存量）

表3-1 某纺织机械厂各车间投入量和出产量计算一览表

		产品名称	双面纬编织机	
		产品产量	10000台	
		零件编号	A1—001	A1—012
		零件名称	齿轮	轴
		每台件数	1	4
装配车间	1	产出量	10000	40000
	2	计划允许的废品数	/	/
	3	在制品定额	1000	5000
	4	期初在制品预计结存量	600	3500
	5	投入量(1+2+3-4)	10400	41500
零件库	6	半成品外销量	/	2000
	7	库存在制品定额	800	6000
	8	期初在制品预计结存量	1000	7100
加工车间	9	产出量（5+6+7-8）	10200	42400
	10	计划允许的废品数	100	1400
	11	在制品定额	1800	4500
	12	期初在制品预计结存量	600	3400
	13	投入量（9+10+11-12）	11500	44900
毛坯库	14	半成品外销量	500	6100
	15	库存在制品定额	2000	10000
	16	期初在制品预计结存量	3000	10000
毛坯车间	17	产出量（5+6+7-8）	11000	51000
	18	计划允许的废品数	800	0
	19	在制品定额	400	2500
	20	期初在制品预计结存量	300	1500
	21	投入量（17+18+19-20）	11900	52000

2. 累计编号分批法

该方法是指把预先制定的提前期标准转化为提前量,通过对产品累计编号分批来安排产品在各环节的生产时间和数量,适用于成批生产企业,如纺织、印染、针织和服装企业等。

累计编号分批法的方法如下。

(1) 从年初或从开始生产某产品起,按照产品的投产顺序依次编批号。

(2) 确定各车间在计划月份应达到的投入和出产累计批号数,就可知其投入和出产的累计数量。

(3) 减去上月已投入和出产的累计批号数,即得出当月应完成的投入量和出产量。

累计数的计算公式为:

某车间出产(或投入)累计数＝最后车间出产累计数＋本车间出产(或投入)提前期×最后车间平均日产量

应当注意:按以上公式计算出的各环节产出量和投入量仅仅是初步结果,还应根据生产批量进行修正,使各环节的产出量和投入量与批量成整数关系。

【例】某纺织厂成衣车间5月份出产某品种的成衣应达到累计120000件,平均日产量2000件。若染整车间出产和投入提前期分别为7天和14天,其生产运作批量为8000件(按照每锅600公斤,每件成衣150克,两班估算),且染整车间4月份实际已出产80000件和投入88000件。试编制染整车间5月份的作业计划。

解:

计算得到5月份织造车间出产和投入累计号件数为:

$N_0 = 120000 + 7 \times 2000 = 134000$（号）

$N_1 = 120000 + 14 \times 2000 = 148000$（号）

则染整车间5月的出产量为134000-80000＝54000(件),投入量为148000-88000＝60000(件)。因生产运作批量为8000件,故产出量和投入量应修正为8000件的整倍数。如出产修正为48000件,投入修正为56000件,余下件数凑足一个批量后再进行生产运作,则5月份染整车间最终出产累计件数为80000+48000＝128000件,投入累计件数为88000+56000＝144000件。

3. 生产周期法

该方法适用于单件小批生产企业,如服装加工型企业等。生产周期法制定的方法如下。

(1) 根据预先制定的生产周期标准和订单规定的交货期限,沿反工艺顺序绘制生产运作周期图表。

(2) 依次确定产品或零部件在各生产运作环节的投入和产出时间。明确各种产品的生产周期。

（3）在此基础上进行汇总和协调平衡，形成各种产品投入产出综合进度计划。

4. 订货点法

该方法比较适用于安排通用件和标准件的生产任务。

为简化生产作业计划工作，一般采用集中生产一批交库，供需要单位领用。具体步骤和方法如下。

（1）库存量降低到"订货点"。

（2）提出制造任务。

（3）制造。

（4）入库。

一般每次的生产批量是一定的，生产间隔期随单位时间需要量的变化而变化如图3-7所示。

订货点＝订货周期×平均日需要量＋保险储备

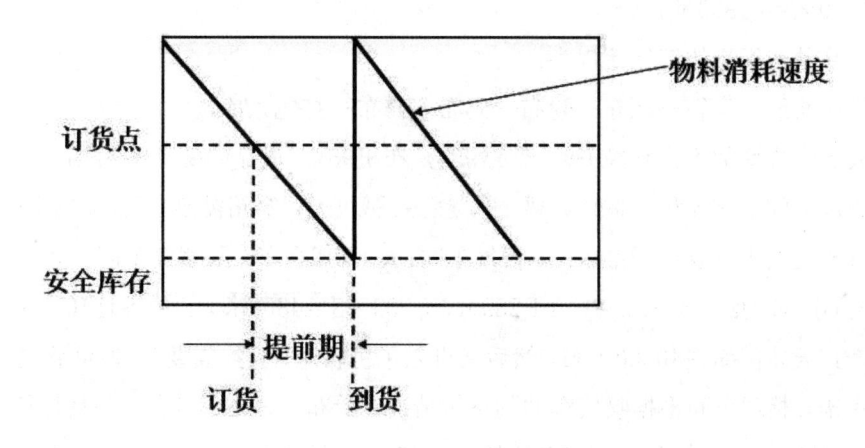

图3-7 订货点法示意图

【实施任务】

以本组调研公司为例，织厂的计划计算与安排客户要求生产如下组织规格的平布：竹纤维100%：30×30，76×76，67″，喷气毛边，要求数量为5万米，交货期为32天。

组织规格为：竹纤维100%，30×30，76×76，67″，1/1（即竹纤维100%，经纱的英制支数为30^S，纬纱的英制支数为30^S，经向的英制密度为76根/英寸，纬向的英制密度为76根/英寸，幅宽为67英寸，组织规格为一上一下平纹）。以上的组织规格的简易写法一般是贸易上的习惯用法，也就是说在贸易上习惯用英制方法表示组织规格。而在生产上则习惯用公制方法表示组织规格。

上面的组织规格用公制方法表示如下：竹纤维100%，30×30，76×76，67″，1/1为19.7×19.7，299×299，170（即竹纤维100%，经纱的公制号数为19.7tex，纬纱的公制号数为19.7tex，经纱的公制密度为299根/10厘米，纬纱的公制密度为299根/10厘米，幅宽为170厘米，组织规格为一上一下平纹）。一般在工厂生产都用公制方法表示组织规格。

根据客户的上述要求，生产上应做如下计划安排。

(1) 计算出每台喷气织机的台时产量。

假如生产这个品种喷气布机的效率为90%，运转率为98%，喷气布机的转速为600转/分，则喷气布机的台时产量公式为：

$$产量（米/台时）= \frac{布机转速（转/分）\times 60（分）\times 布机效率（\%）\times 布机运转率（\%）}{纬纱的公制密度（根/10厘米）\times 10厘米}$$

把数值代入以上的计算公式可得：10.62米/台时。1天22.5小时（每班去掉半小时的吃饭时间，三个班共1.5小时），这样1台车1天的产量为10.62×22.5=239米。根据客户要求的交货期，安排10台喷气车。而10台车大约需要20天才能生产5万米布。239米/天×10台×20天=47800米。

这个品种在织造的工艺流程为：

整经—浆纱—穿筘—织布—验布—码布—修布—打包入库。

半成品制成率如下：整经98%，浆纱98%，布机95%，成品的疵品率为2%。

按照以上的工艺流程，整经需要1天，浆纱需要1天，穿筘需要1天，喷气上机1天（这样到喷气布机上机需要11天准备）。喷气车间1天上机2台车，到喷气车间上齐10台车需要5天（5天的产量为239×2+239×4+239×6+239×8=4800米）。上齐这10台车后，大约需要生产17天才能织造40600米布，然后又进入了机状态，大约需要8天时间将这10台车全部了机完毕。整理车间根据喷气车间的下机情况，验布、码布、修布，并且打包入库，大约需要1天的时间把该品种全部清理完毕。全部累计约需35天，至此就可以安排发货了。以上是整个过程的计算是倒推的。

(2) 穿筘每天要穿2个织轴，即每天需要供喷气车间的织轴数为2个。

(3) 一个织轴的经纱根数约为5076根，大约是2620米（大约270.5公斤，每天需要4个织轴，则需要1082公斤），浆纱1机可生产10个织轴，这样需要生产2机浆纱，即2620米/轴×5轴/机×2机=52400米，才能生产出客户需要的50000米，一般有个加减范围10%。浆纱要每天生产4个织轴，在5天内做2机浆纱，才能生产10个织轴。

(4) 由工艺知，1机浆纱需要9个经轴，4天内需要18个经轴，整经每天需要生产4.5个经轴。1机整经能生产3个经轴。这样，整经2天需要生产3机，共生产9个经轴，才能保证每天生产4.5个经轴。

(5) 一个经轴的经纱根数为564根，纱线长度为26000米（290公斤）。

以上是从整经到织布的整个计划安排的计算过程，是倒着计算的。在安排计划时则应该按照工艺流程的顺序写。仿真安排计划如下。

(1) 2023年3月23早班到整经工序，每天生产4.5个经轴。

(2) 2023年3月25早班安排浆纱，根据情况安排这两机浆纱，每天需要保证2个浆纱轴。

(3) 2023年3月25中班安排穿筘，每天供喷气车间2个织轴。

(4) 2023年3月26早班喷气安排上机，每天保证上2台车。

(5) 整理车间根据布的下机情况，安排修布打包入库。在30天内全部生产完毕。

【知识点检测】

1. 纺织企业生产计划的主要指标有哪些？
2. 如何平衡纺织企业生产？

任务4　纺织生产作业计划的实施

【任务导入】

某公司是一家生产杯子的公司,现有一批新款杯子需要分配给第一车间和第二车间进行生产。两个车间的工人数量基本相同,且对于原来的杯子的加工工艺都很熟练,目前两个车间的员工都没有生产过这款新杯子。

第一车间的车间主任将一个杯子的加工工序分成10道,每个工人从事1道工序,这样工人只需要掌握自己熟悉的工序即可。第二个车间的车间主任将生产工序归并到4个岗位完成,并规定每人在这些岗位上轮换工作,使大家都能熟练掌握生产新杯子的全部工序。

开始两个月,第二车间的生产进度明显比第一车间慢,但从第三个月开始,第二车间的工人基本都能掌握每道工序的技能,对于车间的安排也满意,甚至都在努力提高自身技能。很快,第二车间的进度很快超越了第一车间,并且一直保持着优势。

请问第二车间的生产进度超越了第一车间,这说明了什么问题?是否在任何情况下,第二车间主任的安排都比第一车间主任的做法有效?

【任务分析】

要完成本次任务,必须明确以下问题。

1.什么是生产调度?生产调度的主要内容是什么?

2.生产控制的方法有哪些?

【知识点讲解】

纺织生产的日常活动就是实施生产作业计划的过程,通过纺织生产的调度与控制来实现。纺织生产的调度与控制就是按生产计划的要求,全面掌握企业生产过程中计划实施情况,根据各种信息和情报,检查、发现计划与实际结果之间的差异程度及其原因,及时采取调整生产进度、调配劳动力、合理利用生产设备等有效措施和方法,纠正偏差,使生产组织得到有效控制,最终实现计划的目标。

一、生产调度

生产调度是对企业日常生产活动进行控制和调节的工作。其任务是在纺织企业日常生产活动中,对生产系统进行有效的控制和指挥,即按照生产作业计划的要求和生产中的实际情况,监督和控制生产进程,积极预防和处理生产中出现的各种矛盾,协调生产过程的各个环节,以及生产与供应、厂内运输、外协之间的关系,保证生产作业计划的完成。

（一）生产调度的主要内容

(1) 检查、督促和协调有关部门及时做好各项生产作业准备工作。

(2) 检查各个生产环节的在制品、半成品、成品的投入和进度产出。

(3) 根据生产需要合理调配劳动力。

(4) 结合设备维修计划执行情况检查设备运转状况。

(5) 检查原材料、辅料、零配件、动力等供应情况。

(6) 检查容器使用情况及厂内运输工作。

(7) 对轮班、昼夜、周、旬或月计划完成情况进行统计分析。

(8) 检查各工序不合格品产生及处理情况。

(9) 组织厂部或车间的生产调度会议。

（二）生产调度的原则

(1) 计划性。生产调度工作必须以生产作业计划为依据。

(2) 统一性。生产调度工作应以系统的观点，从企业全局来综合考虑各项工作的安排。

(3) 预防性。调度工作必须贯彻预防为主的原则，做到"抓准备保生产，抓投入保产出，抓完成保计划"。

(4) 及时性。调度工作必须针对当前的工作进行安排，发现问题，及时协商解决。

(5) 群众性。深入基层，倾听员工意见，获取可靠的信息资料，有效地解决实际问题。

（三）生产调度中采取的措施

1. 建立健全调度工作制度

（1）值班制度。

（2）调度报告制度。

（3）调度会议制度。

（4）调度检查制度（有明确的考核办法）。

（5）现场调度制度。

（6）班前、班后交接会制度，建立健全生产调度机构。

一般大中型纺织企业可设置厂部、车间、工段三级管理调度机构，小型纺织企业可设厂部和车间两级调度机构。

2. 适当配备调度技术装备

适当配备的调度技术装备如专用电话、无线电话、工业电视、微机联网等。

二、生产作业控制

（一）投入进度控制

投入进度控制是指产品开始投入的日期、数量、品种是否符合计划要求。同时也包括各个生产环节，各种原材料和辅助材料及零配件是否按提前期标准进行投入。设备、人力、技术措施项目的投入使用是否按计划日期进行，是否均衡、配套、有序生产。

1. 大批量生产投入进度控制

大批量生产一般是按流水生产方式组织生产的，其投入进度控制方法主要有生产指令、投料单、投料进度表和投产日报等。

纺织企业一般用投产日报与投产日历进度计划进行比较，来控制日（班）投入和累计投入进度。具体可采用进度表或线条图的形式进行控制。

示例1：某企业投入日历进度表3-2和图3-8。

表3-2　投入日历进度表

日期	计划		实际	
	当日	累计	当日	累计
1	110	110	110	110
2	110	220	130	240
3	120	340	120	360
4	110	450	100	460
5	120	570	120	580
6	130	700	140	720
7	130	830	140	860

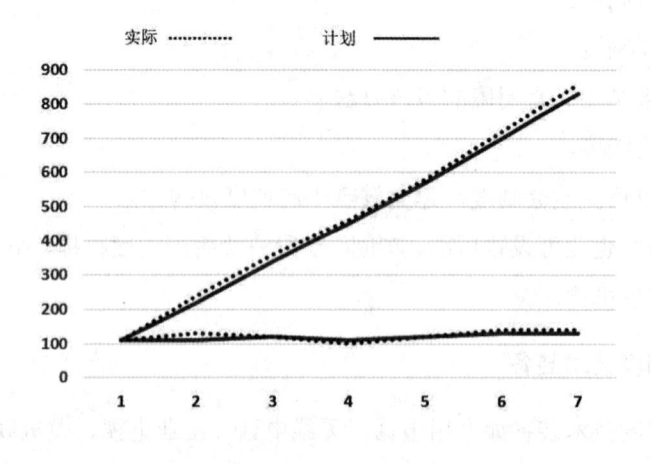

图3-8　投入日历进度图

示例2：某纺织有限公司的生产计划安排表（通知单，见表3-3）

表3-3 生产计划通知单

年　　月　　日　　　　　　　　　　　　　　　　　　XX纺织有限公司

合同编号		产品编号		组织规格		订货数量	
订货单位		合同交期					
生产计划				棉纱计划			
生产单位	生产数量	时间		用纱单位	纱支	用纱数量	时间
准备车间				准备车间			
织布车间							
				织布车间			
成品车间							
备注							

2. 成批生产投入进度控制

纺织企业目前都面临着品种多、批量小、变化快的新市场局面。因此，一方面要控制投入提前期和生产周期，另一方面又要控制投入的品种和批量。

成批生产投入进度控制的主要方法有：投产计划表、配套计划表、出产进度和生产看样等（如表3-4）。

表3-4　车间落布记录表

年　　月　　日　　　　　　　　　　　XX纺织有限公司

品种代号	机号	昨日存数	上机数	分班落布数			落布合计数	本月应存数	盈亏数	实存数	备注
				甲班	乙班	丙班					

主要是用半成品出产进度表进行控制。成批生产出产进度控制要提高成套性。

成套性＝实际成套数×100%／计划成套数

3. 单件生产出产进度控制

主要是根据生产周期综合进度表、加工路线单或单工序工票等（如精益生产中的生产进度控制是由看板系统来实现的），按订货所规定的日期，把主要生产阶段的实际进度同计划进度相比较，进行控制和调节，以保证按质、按量、按规定的日期交货。

（二）工序进度控制

1. 工序进度控制的原则

工序进度控制主要是针对成批和单件生产（品种多、批量小的合同产品或试纺、试织样品）的产品，它是对产品在生产过程中经过的每道加工工序（车间）的进度所进行的控制。因为在大量的生产条件下（比如一个月或几个月只生产同一品种不变），生产的产品品种、工艺、工序都比较固定，可以不必对工序进行控制，只控制在制品数量即可。而在成批、单件生产条件下，品种多，批量小，加工所用的设备经常发生冲突，影响生产的正常进行，所以，必须加强工序进度控制。

2. 工序进度控制的方法

工序进度控制的方法是按生产计划通知单进行控制。生产计划通知单是贯彻每批品种从原料进厂的供应、生产投料的准备、各工序的开机时间、生产数量一直到成品检验入库的全过程的工作记录凭证等。它的作用主要表现在以下几个方面。

（1）指挥生产。

（2）进行作业核算，控制生产进度。

（3）协调上下工序之间的衔接配合。

（4）对工序进度进行控制。

生产计划通知单以成品数量为基准，按照工艺用料、工艺消耗，合理从后向前，计算开机台数、开机时间，以满足销售合同的品种数量和交货期限。

（三）在制品控制

在制品是指车间工序内部尚未完工的、正在加工、运输和停放的在制品或半成品（如条筒、经轴等）。在制品控制是对生产过程各环节的在制品占用量进行控制。

在大量生产条件下，在制品占用量的控制方法可采用轮班任务报告单，结合统计台账进行控制，即以每一轮班各工作地的实际占用量，与规定的在制品定额进行比较，使在制品的流转和储备量经常保持在正常水平。

纺织企业是多工序间断性的连续生产，车间、工序之间的生产联系表现为半成品的供应关系，而且各个生产环节在制品、半制品的数量也在不断变化，因此，必须掌握在制品、半成品的流转情况，保证它们不受损坏以确保产品质量，减少、避免积压，节约流动资金。基层管理人员要特别注意定期检查在制品的储备定额执行情况，考察执行结果是否同定额相符，如果不符则加以修正，对在制品、半成品的投入、产出、保管，周转要做到"四有"，即有数、有据、有制度、有秩序。

在成批和单件小批生产条件下，由于产品品种多，须按品种分批投入和出产，通常采用计划通知单和工票，以及统计台账来控制在制品。

在流水生产中，可以不必设置中间仓库，而在单件小批和成批生产条件下，就有必要设置半成品库并加以控制。半成品库是车间之间在制品运转的枢纽，它不仅要及时有效地收入、保管、配套和发送半成品，而且还要严格按计划和期量标准，监督和控制车间生产动态，及时向生产主管部门提供信息。

仓库半成品控制，是通过半成品的入库、出库台账，以及其他凭证进行的。

（四）生产作业的其他控制方法

为了准确地了解生产情况，掌握生产发展趋势，及时发现计划与实际的差异，以实现对生产系统和生产作业系统的有效控制，我们必须应用一些科学的控制方法。

1. 进度分析法

为了直观地了解生产进度及其与计划的符合情况，更好地控制生产作业进度，可以采用以下图表进行进度分析。

（1）坐标图法。在生产随时变化的情况下，可以用一个简单的坐标图来描述数据，数据的变动趋势以及完成计划的情况。

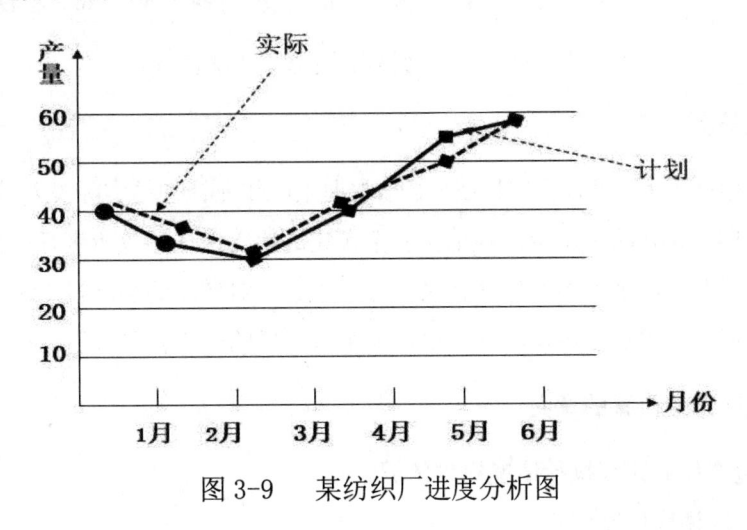

图 3-9　某纺织厂进度分析图

(2)直方图法。直方图法可以直观地检查计划与实际的符合情况(图3-10)。

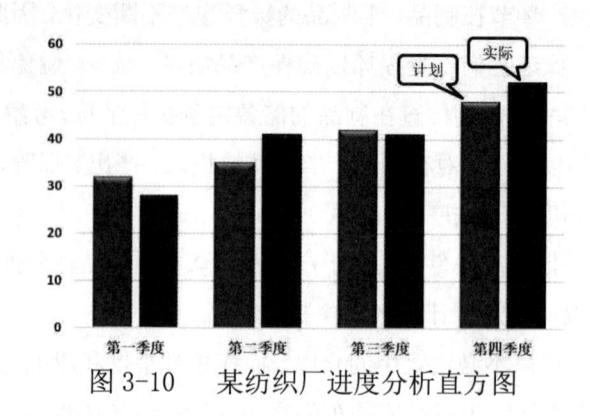

图3-10 某纺织厂进度分析直方图

2.趋势分析法

这一方法就是把各工序每日实际完成的数量，按时间序列绘制成坐标图，从而分析其规律和趋势（图3-11）。

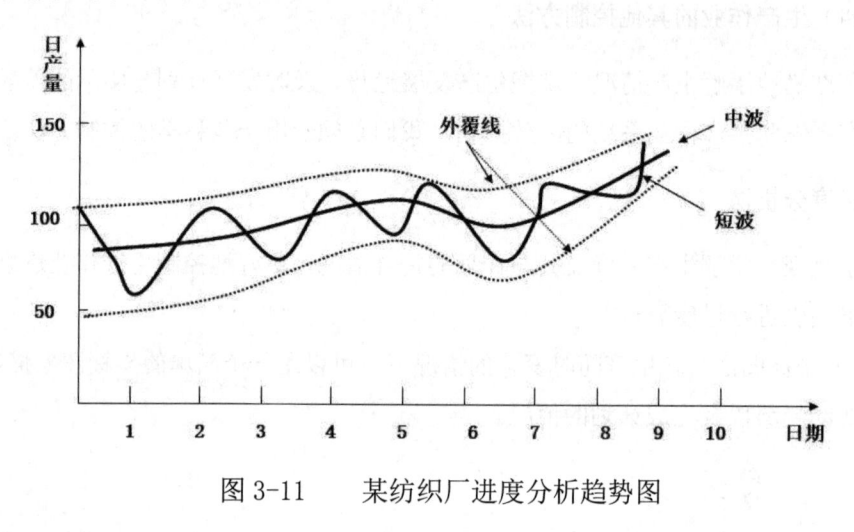

图3-11 某纺织厂进度分析趋势图

三、生产作业核算

要想做好生产调度、进行生产控制，必须掌握生产作业计划的实际投入量和出产量、投入期和出产期、在制品占用量、各单位和个人完成的工作任务等所进行的核算。

生产作业核算，就是在生产作业计划执行过程中，对产品的实际投入量和出产量、投入期和产出期、在制品占用量、各个单位和个人完成的工作任务等所进行的核算。

（一）生产作业核算的意义

（1）为检查作业计划执行情况提供依据。

（2）为生产调度反馈信息。

(3) 为生产进度控制提供可靠的数据资料。

(4) 有利于减少在制品积压,缩短产品生产周期。

(二) 生产作业核算的基本程序

(1) 纺织企业最基层生产单位(班组)、仓库或个人,采用一定形式的原始凭证,以数字和文字对生产作业活动进行直接记录。

(2) 按照一定的核算目的,把这些原始数据汇总。

(3) 绘制统计图表,反映实际核算数同计划数符合的程度。

企业中常用的原始凭证有生产日报表、班组和个人生产记录、生产通知单、单工序工票、领料单、入库单、废品通知单和返修通知单等。

【实施任务】

以本组调研公司为例,分析该公司生产调度的特点。

【知识点检测】

1. 什么是生产控制?生产控制的方法有哪些?

2. 纺织生产调度的主要内容是什么?生产调度应遵循什么原则?

项目四

纺织生产管理

在纺织企业长期形成的行之有效的基础性技术管理中,最核心的内容就是工艺、设备、质量、现场、物资和安全管理五大基础。随着现代工业技术的不断发展,纺织机械工艺性能的提高,企业的现代化管理水平也在不断提高,而五大基础技术管理仍是纺织企业各项管理的关键,必须高度重视。本模块依次介绍工艺管理、设备管理、质量管理、物资和环境管理和现场管理等内容。

【思政融入】

通过工艺、设备、质量、现场、物资和环境管理,既要关注生产效率,也要重视工人的安全和企业的社会责任履行问题,通过向学生展示我国纺织制造业在社会责任感与员工关怀方面的优秀代表实例,引导学生应用有效的管理方法,启发学生在日后的学习和工作中,树立人文关怀的意识与社会责任感。

任务1 工艺管理

【任务导入】

1992年,"长征二号"捆绑式大型运载火箭在我国西昌发射,点火后便冒出了一股浓烟,发射失败了!据调查,原因是在巴掌大的程序配电器上,出现了一个重量为0.15毫克的铝质多余物,导致电爆管的爆炸,使火箭的第一、第三助推器发动机关机,最终发射失败。请问上述案例的启发是什么?

【任务分析】

要完成本次任务,必须明确以下问题。
1. 企业现代工艺管理的理念是什么?
2. 工艺管理的主要内容是什么?

【知识点讲解】

工艺是指人们利用生产工具对各种原材料进行加工和处理,最后制成产品的过程和方法。纺织企业生产的工艺流程就是将一系列的机器、设备、工序等组合起来,对原、辅助材料按一定的产品质量标准进行加工、处理的生产工艺过程。

工艺管理是指合理制定工艺设计,加强工艺研究,确保工艺上车和严格工艺纪律等各项工作的总称。在五大基础技术管理中，工艺是龙头，设备、质量和物料都是为工艺服务的，只有各项条件同时全部符合工艺的要求，工艺才能发挥出最佳效果，生产线上才能产出质优、耗低和产量高的成品。

一、工艺设计

（一）工艺设计的概念及要求

工艺设计是指根据产品设计，确定主要原材料成分及处理方法、工艺流程、工艺参数、设备类型的选择以及各工序产品的规格与质量等。工艺设计是工艺管理的中心，是产品生产的主要依据，因此，必须合理制定。

所谓合理的工艺设计，是指必须保证品种的先进性和产品质量的提高，保证符合科学原理和实际生产条件，并节约原材料和降低能源消耗。制定工艺设计的要求如下：

（1）了解产品的风格特征、花色花型特点和用户要求。

（2）了解产品所用原料的特性、组成成分。

（3）掌握机器设备的性能及实际生产条件。

（4）使产品具有良好的使用性能。

（5）使产品具有良好的制造经济性。

（二）工艺设计的主要内容

因为纺织产品的用途、规格、质量标准、用户要求不同，所用的原料、染料性能、生产设备性能和工艺流程等因素就不同，产品的设计也各有不同。

1. 纺纱工艺设计

纺纱工艺设计是指按照客户对需要的成纱（线）号数、成纱（线）质量要求与用途以及织物工艺设计的有关数据等，设计应使用的加工纤维和配比、混合方法及纺纱方法，并进一步计算用棉量、落棉、落杂、回花、回丝率等，详细设定工艺路线。以棉纺为例，纺部工艺设计是按纱支的技术要求，如号数、强力及差异范围等设计相应机台的工艺参数，然后上机试纺。

主要内容包括确定开清点、选择机器速度、定量、定隔距、定牵伸倍数、定压力、定捻向和捻度等。

2. 织造工艺设计

织物的种类繁多，不同种类的织物有着各自的结构、风格、效应等特点。织造工艺设计主要包括织物设计和上车工艺设计。

（1）织物设计。织物设计也称"织物品种设计"，包括规格设计与艺术设计。规格设计是指织物的幅宽、匹长、缩率、强力、每平方米重量、经纬纱号数、密度、捻度和捻向，以及原料混合比等。艺术设计是指织物的外观花纹和风格设计，例如各种组织变化、提花、色织配色、印花、立绒、顺毛、丝光、波浪形等。有些色织物之所以有立体感，正是色彩、组织与图案三方面的综合反映。

织物设计又分创新设计（新品种设计）、来样设计（客户来样或合约规定）和改进设计（推陈出新）。

（2）上车工艺设计。上车工艺设计主要是确定织部工艺线路和确定流经各程序的单机，然后再进行各单机的工艺参数等设计。如：调节纱线张力、选择清纱器、选择最佳速度等。

其他内容主要有整经轴的分头、卷绕密度、浆纱上浆率、浆槽温度、回潮率、墨印长度、织物组织、综框综丝规格、停经片规模、钢筘号数、经位置线、引纬时间等，都应有严格明确的要求。

（三）工艺设计的表现形式

纺织企业具有工序多、机台多、品种多、工艺参数多的生产特点，各种产品的质量要求不同，应有不同的工艺设计方案，在一个车间（或工厂）内，常有各个品种同时生产，为适应市场要求，翻改也比较频繁。工艺设计的表现形式一般有以下三种。

1. 工艺设计表

如：纺部是按品种从原料开始一直到最后制成筒子纱、绞纱线或直接作纬纱的管纱。按照工艺流程，将每道工序中所设计的项目（参数）逐一填写到工艺设计表中。

2. 工序卡

工序卡又称"工艺设计牌"，是将每一种产品列出每道工序的工艺参数、操作方法及要求，便于挡车工统一执行，防止工艺质量事故的发生。

3. 工艺卡

工艺卡又称"工艺设计卡"，一般在机台上都设有一块工艺卡，列出经常变动的工艺项目。

（四）工艺上机检查

1. 检查目的

检查目的主要为了缩小眼与眼、锭与锭、台与台之间工艺上的差异，力求使上车工艺符合工艺设计的要求，稳定产品质量。

2. 检查内容

检查内容是指应根据各工序内容和要求，定出检查项目、工艺技术标准、允许差异限度、统一检查方法等。如细纱机主要是检查变换齿轮、罗拉运转灵活程度、隔距块松紧、加压大小、皮圈架磨损等；在织布机上，主要是检查经位置线、引纬时间、车速、张力机构、吊综状态、经纱通道等。

3. 检查方法

检查方法是根据工艺上车技术条件中规定的检查项目，允许限度与检查方法对车上实际工艺执行情况逐项（次）检查记录，逐台结算各项（次）数，最后按工序计算工艺上车合格率。公式如下：

$$工艺上机合格率 = \frac{合格总项（次）}{检查总项（次）} \times 100\%$$

二、工艺纪律和管理责任制

纺织企业是多工序、多机台、连续生产的系统，任何一种工艺的波动或差错，不仅直接影响本工序生产，而且会影响下道工序乃至最终产品，所以一定要严格执行工艺纪律，实行责任制管理。

（一）工艺纪律

（1）各工序翻改品种、变更工艺或采用新工艺时，应经当班班长和技术员根据生产技术工艺文件跟踪检查，确定无误后方可开车试车及正式生产。

（2）由生产技术科、试验室经常对工艺进行跟踪检查，并定期检查各工序变换齿轮，定期整理汇总工艺设计表和技术资料，变换齿轮要按齿轮管理制度进行。

（3）由于工艺管理问题而造成的质量事故或质量差错，应按有关规定查明原因，分清责任，并吸取教训，积极改进。当工艺变动时，工艺卡应及时更改填写，便于大家了解掌握，各种资料要注意妥善保管。

（4）各机台经维修后，特别是大修理，由维修队长负责检查有关隔距和变换齿轮，填表送试验室核对无误后方可再开车生产；纺部设备经单锭试纺，试验室测试无误后才能开车。

（二）工艺管理责任制

纺织企业一般实行厂部、车间两级管理，严格执行工艺审批制度，建立并明确公司生产技术职能部门、试验室、车间及轮班的责任制，既要统一集中又要发挥各部门参加工艺管理的积极作用。

1. 生产技术部门

生产技术部门是在总工程师的领导下负责全厂工艺管理的专职机构。主要职责是负责制定工艺设计初步方案并在审批后组织车间贯彻执行，负责日常工艺变动调整，检查督促各工序的工艺明细设计和工艺管理的执行情况，组织工艺实验研究活动等。

2. 质控部门

质控部门是属于生产技术部门直接领导的具体贯彻执行工艺管理的部门。质控部门参加工艺研究和拟定工艺方案，包括进行实物抽样试验分析并进行数据处理，办理工艺变更事宜并对业务范围内的工艺管理制度负责监督等。质控部门最日常的工作是对生产线上的半成品或成品进行在线或离线抽样检测，看其是否符合工艺设计要求。对不符合要求的及时通知相关工序并参与整改，直至符合要求为止。

3. 车间主任

车间主任是车间管理的主管领导，其在工艺管理方面的主要职责是：负责工艺设计的贯彻执行并确保工艺上车；负责审批和检查车间的工艺项目、试验；参加全厂或公司工艺设计的讨论；领导车间专职工艺人员做好本车间具体的工艺管理工作；定期检查工艺上车情况等。

4. 轮班长

轮班长负责轮班工艺管理工作，按工艺设计变更通知单上规定的内容与要求，组织有关生产组长及生产工人认真贯彻执行。

三、工艺研究与试验

（一）目的

工艺研究是推进企业生产技术发展提高的重要手段，纺织企业的工艺研究应根据用户需要，市场行情和季节变化，依据质量指标、实物质量等要求，抓住生产中的薄弱环节，制定工艺改进方案，从理论上、技术上进行科学分析，以达到保证生产稳定、产品质量不断提高和不断满足用户需求的目的。

（二）主要内容

（1）对已经用于生产的产品工艺进行分析和总结，找出经验和教训，并写成已生产产品工艺小结，利于今后同类或相近产品再生产时备用参考。

（2）对外单位、全国或国际新工艺信息加以分析研究，尤其是注意收集适合本单位生产线工艺的信息，不断提高工艺设计的先进性。

（3）对工艺中的疑难问题进行分析研究，尤其将"4M1E"（人、机、料、法、环）诸因素作为一个系统，剖析研究，将直接推动工艺技术水平的不断提高。

（三）工艺试验

利用各种试验手段，及时探索出最经济的工艺方案。工艺试验的方案通常采用先锋试验。所谓先锋试验，是指某新产品正式生产前的一系列工艺方案的试探，或称为工艺试验，实践中常用单因素优选法和正交试验法两种方法。

【实施任务】

以本组调研公司为例，分析该公司纺织产品工艺设计的特点。

【知识点检测】

1. 纺织品工艺设计的要求？
2. 为什么要进行工艺研究和工艺试验？

与本项目相关的拓展资料请扫二维码

任务2 设备管理

【任务导入】

某公司设计采购了一条零件生产线,其中有意大利、德国、日本等国外的设备,还有国内的设备,由于设备间在使用范围、加工精度、生产节拍等方面存在较大的差别,加上国产毛坯件质量不够稳定,在数年时间里该生产线一直处于修修停停的状态,影响了该公司新产品战略的实施。

请问为什么纺织设备的好坏直接影响了纺织企业的生存与发展?

【任务分析】

要完成本次任务,必须明确以下问题。

1. 设备选择原则是什么?
2. 设备管理的内容及任务是什么?

【知识点讲解】

设备管理主要经历了事后维修、预防维修和设备综合管理三个不同的发展阶段。在设备综合管理阶段,日本创建了富有特色的全员生产维修制度(TPM),我国也在总结实践经验的基础上,提出了设备综合管理的模式。

一、设备管理概述

(一)设备的内涵

1. 设备的含义

设备,又称为"装备"或"机器",是社会生产力发展水平的物质标志,是企业实现经营目标的重要物质技术基础,具体是指企业加工制造产品或其他活动中能起到工具作用的物体。不同种类的设备最终性能、用途、结构是千差万别的,但就其组成来看,一般由动力部分、传动部分、工作部分和控制部分构成。

2. 设备的分类

根据设备在生产中的作用,可以把设备分为以下几类。

(1)生产设备。它是指直接改变原材料属性、形态或功能的各种工作机器或设施,如纺纱机、织布机、缝纫机等设备。

（2）动力设备。它是指生产用发电机、蒸汽锅炉、空压机、冷冻机、制冷机等。

（3）传导设备。它是指用于传送电力、热力、风力等动力和固体、液体、气体的各种设备，包括电力网、传送带、各种管道等。

（4）运输设备。它是指上下班客车、货料卡车、电瓶车等各种车辆及船只等。

（5）试验研究设备。它是指各种度、量、衡器具、生产测试仪器等设备。

（6）管理用设备。它是指企业生产管理机构中用于生产经营管理的各种计算机、复印机、传真机和其他装置。

（7）公用福利设备。它是指企业内医疗卫生、通讯、炊事机械等设备。

3. 现代设备的特点

随着科学技术的进步以及人们使用要求的提高，设备在自身的性能方面得到了很大发展，形成了许多与现代工业相适应的特点。

（1）高速化。它是指设备的生产速度、运行速度、运算速度大大加快，从而使生产效率显著提高。如喷气、喷水、剑杆等无梭织机代替有梭织机。

（2）自动化。它是指由于微电子科学、自动控制与计算机科学的高度发展，已引起了机器设备的巨大变革，出现了以机电一体化为特色的新一代设备。

（3）精密化。它是指设备的工作精度越来越高。

（4）智能化。它是指不仅可以实现各生产工序按自动顺序进行，以部件代替以至全部代替手工操作，还能实现对产品的自动检测、清理、包装，设备工作状态的实时监测、报警、反馈处理。如全自动络筒机代替了半自动的络筒机，大大减轻了工人的劳动强度，提高了生产效率。

（5）设备的连续化。它是指设备在生产过程中的运作形成了一个连续的系统。

（6）多功能化。单一功能的设备已不能适应现代生产发展的需要，一机多能，提高设备利用率，加工中心、柔性加工单元（FMC）、柔性加工系统（FMS）的出现即是十分显著的例证。

（7）两极化。某些设备出现大型复杂化趋势，是指设备的容量、规模、能力越来越大，而另一些设备则朝着小型简易化发展。

（二）纺织设备管理的任务和内容

1. 设备管理的概念

所谓设备管理，就是对企业的设备、机器等生产设备从选择评价、合理使用、维护修理、更新改造直至报废处理全过程所进行的管理。

2. 加强纺织设备管理的重要性

（1）设备管理直接影响纺织企业的计划、交货期、生产监控等各个方面。

（2）设备管理直接关系到纺织企业产品的产量和质量。

（3）设备管理水平的高低直接影响着产品制造成本的高低。

（4）设备管理关系到安全生产和环境保护。

（5）设备管理影响着纺织企业生产资金的合理使用。

3. 纺织设备管理的任务

纺织企业设备管理的任务就是要选好、用好、管好和修好设备，确保设备始终处于良好的技术运转状态，在加强日常管理工作的同时做好现有设备的挖潜、改造和更新工作，使设备寿命周期全过程费用最少，综合效能最高，使纺织企业的生产经营活动建立在技术先进、经济合理的最佳物质技术基础上。

4. 纺织设备管理的主要内容

设备管理的内容是指从规划、选购设备开始，到投入使用、磨损及其维修补偿，直到报废退出生产运转为止的全过程管理。主要内容有以下几方面。

（1）依据纺织企业经营目标及生产需要，制订企业设备规划。

（2）选择和购置所需设备，必要时组织设计和制造。

（3）组织安装、调试设备并进行效果分析、评价和信息反馈。

（4）正确、合理、充分地使用设备。

（5）精心维护保养和及时检修设备，保证设备正常运行。

（6）适时改造和更新设备。

二、纺织设备的选择与使用

（一）纺织设备选择的原则

设备取得方式主要有三种：购买、自制和租赁。目前，大多数纺织企业采用购买的方式。在选购设备时应满足企业生产实际的需要，要从企业长远生产经营发展方向全面考虑，对设备购置从技术与经济两方面进行分析，使企业把有限的设备投资，用在生产必需的设备上，发挥投资的最大经济效益。

纺织设备选择总的原则是：技术上先进，经济上合理，生产上可行（适用），配套齐全，技术服务好。具体来说，应考虑下列方面。

（1）生产性。它是指设备的生产效率。

（2）可靠性。它是指设备的精度、准确度和对产品质量的保证程度。既要求纺织设备能够生产高质量的产品，同时又要减少纺织设备的故障。

（3）安全性。它是指设备对生产安全和人身安全的保障能力。例如是否装有自动控制装置（如自动切断电流、自动停车装置等）。

（4）节能性。它是指设备要有利于节约能源和降低原材料的消耗。

（5）维修性。它是指设备要便于检查、保养、维护和修理。

（6）环保性。它是指设备的噪音和排放的有害物质对环境的污染程度。主要包括减少噪声和"三废"，配有相应附属设备和配套工程。

（7）成套性。即设备的配套水平。包括单机配套、机组配套和项目配套。

（8）灵活性。也称"适应性"，它是指设备能够适应不同工作条件，加工不同产品，完成不同工作的能力。

（9）耐用性。它是指设备的物质寿命要长。

（10）经济性。它是指设备的投资费用和使用费用较少，投资回收期限短。

（11）操作性。设备的日趋复杂、精密并不意味着操作也日趋复杂。过分复杂的操作往往易于造成操作人员的疲劳和失误，以及人员培训费用的增加，所以应选择操作容易简便的设备。

（12）售后服务。选择设备供应厂家时应考查他们提供安装、调试、人员培训及维修服务的条件，有着良好售后服务条件的设备运行就会有充分保证。

以上各方面是相互联系、相互制约的，纺织企业在选择设备时，要统筹兼顾，全面权衡利弊，尽量做到技术与经济的统一。

（二）纺织设备的评价

纺织设备选购是否合适，是实现设备管理任务的先决条件，因此，选择设备时要进行科学的评价。纺织设备的评价包括技术评价和经济评价两个方面。

1. 纺织设备的技术评价

纺织设备的技术性能是各不相同的，选择设备时除应根据纺织企业当前使用要求和技术不断进步的要求，如对品种、质量、产量、安全及环境保护能力的适用性，来评价设备的技术性能是否满足当前及长远需要的程度外，还要考虑企业是否具备购置及充分发挥设备技术性能的相关条件，如资金筹集的难易、厂房条件、操作与维修人员的素质，维修备件提供的可能性，设备所需能源种类及数量的提供、所需原材料的供应情况等。

2. 纺织设备的经济评价

纺织设备的经济评价就是通过对几种方案的对比、分析，选购经济性能最好的设备。经济评价的方法主要有设备综合效率评价法、投资回收期法、年费用法、现值法等。

（1）设备综合效率评价法。

$$\text{设备综合效率} = \frac{\text{设备寿命周期输出}}{\text{设备寿命周期输入}} \times 100\%$$

（2）投资回收期法。

$$\text{设备的投资回收期} = \frac{\text{设备投资费用}}{\text{设备增加收入净额}}$$

（3）年费用法。

$$F = K \frac{i(1+i)^n}{(1+i)^n - 1} + C$$

式中：

  F：设备年费用；

  K：设备购置费；

  I：贷款年利率，用%表示；

  N：设备使用年限；

  C：设备每年的维护费用。

  $\frac{i(1+i)^n}{(1+i)^n - 1}$：资金回收系数。

（4）现值法：

$$P_w = K + C \frac{(1+i)^n - 1}{i(1+i)^n}$$

式中：

  P_w：设备总费用现值；

  K：设备购置费；

  I：贷款年利率，用%表示；

  N：设备使用年限；

  C：设备每年的维护费用；

  $\frac{(1+i)^n - 1}{i(1+i)^n}$：年金现值系数。

（三）纺织设备的使用

机器设备使用寿命的长短、生产效率和工作精度的高低，固然取决于设备本身的结构和精度性能，但在很大程度上也取决于它的使用情况。正确合理使用纺织设备，可以保持设备处于良好的技术状态，防止发生非正常磨损和避免突发性故障，延长使用寿命，减少修理次数，降低修理费，提高企业经济效益。

为了使设备得到充分合理使用，必须做好以下几项工作。

（1）根据本企业的生产特点和工艺特性，合理地配备、调整各类设备。

（2）根据各种设备的结构、性能、精度、加工范围和技术要求合理地分配生产任务，避免超负荷运转。

（3）为各类设备配备合格的操作人员，实行凭操作证使用设备的制度。根据现代新型纺织设备的精度等级和技术要求，配备相应等级的操作工人，要求操作者熟悉设备的性能、结构、工作范围和维护技术，做到"三好四会"，即用好、管好、保养好和会使用、会保养、会检查、会排除故障。同时还应通过技术基础理论和实际操作技能培训，经考试合格后获得操作证，方可独立使用设备。

（4）为设备创造良好的工作环境和条件。要根据各类设备的需要，创造一个适宜的工作场地和整洁、宽敞、明亮的工作环境，安装必要的保护、安全、防潮、防腐、保暖、降温等装置，配备必要的测量和控制用的仪器、仪表等。

（5）建立和健全各类设备使用责任制及其他规章制度。纺织企业的各级领导、设备综合管理部门、生产管理部门一直到每一个操作工人，都要对设备的合理使用负有相应的责任，建立一套切实可行的责任制和设备综合管理规章制度，这是管好、用好设备的重要保证，如凭证操作制、定人定机制等。

（6）开展完好设备的竞争活动。所谓完好设备，是指零件、部件和各种装置完整齐全，油路畅通，润滑正常，内外清洁，性能和运转状况均符合标准的设备。开展完好设备的竞争活动是动员广大职工用好、管理好设备的有效形式。厂部或车间要定期对设备技术状态进行检查评比，做到奖罚分明，并总结和推广先进经验。

三、纺织设备的维修管理

（一）纺织设备的维护保养

"维修"是纺织设备的维护、检查和修理的简称，是设备综合管理中工作量最大的环节。其目的是保持设备经常处于良好的技术状态,防止和减少设备事故的发生,降低维修费用,减少停工损失，延长使用寿命。搞好这方面工作的措施是：在掌握设备磨损与故障规律的基础上实行先进维修制度，制定维修保养、检查与修理计划的作业内容，采用先进的检修技术，结合实际，灵活地运用多种维修方式和修理方法。

纺织设备的维护与保养是指设备操作人员和专业维护人员在一定的时间及维护保养范围内，对纺织设备进行预防性的技术护理。加强纺织设备的维护与保养，对保持设备的精度和性能、延长其使用寿命具有重要意义。

1. 维护保养的主要内容

（1）清洁。经常洗擦灰尘及油垢，清扫散落在设备各部位的尘埃、残渣、废屑，保持设备内外清洁，无泄漏现象。

（2）润滑。要定时、定点（按规定的油眼）、定质、定量加油，保证油路畅通，设备运转灵活。

（3）紧固。对因高速运转而松动的连接件（螺钉或销子）及时紧固，防止脱出。

（4）调整。及时调整由于设备机件的松动或位置移动所带来的不协调，保证设备放置整齐，防护装置齐全，线路管道完整。

（5）防腐。使用防腐剂保护设备，及时清除生产过程中沾染的腐蚀物质。

（6）安全。实行定人定机交接班制度，遵守操作规程。各种测量仪器、保护装置要定期进行检查，保证安全，不出事故。

2. 维护保养的具体做法

（1）揩车加油。由于纺织企业原料属纤维材料，极易粘附于机械轴承两侧，阻碍机器正常运转，因此对不同工序的设备制订定期揩车加油周期、加油部位、各油眼的注油种类及注油量，拆除部分机件进行清扫加油，有时结合调换部分附件，予以周期性保养。

（2）经常检修。经常检修是利用很短的时间来消除或防止纺织机器设备在运转时可能发生的故障，以防止更大的机械故障，保证纺织机械的正常运转，调换或修理即将损坏或不正常的零件或部件，校正极易走动的隔距，以达到保证工艺的正确性。这种检修内容分重点检修和运转检修。重点检修有些工序又分日班检修和运转检修。如细纱机的牵伸、加捻卷绕、织机投梭等部分的检修都属于重点检修内容。

（3）专业保养（专件保养）。专业保养是指重点检修、运转检修无法解决，需要停台调换个别零部件或对一些关键性部件进行专业修理的事宜，如对锭子、锭壳、皮圈架、集棉器、摇架、梭子、打手棒、皮圈、皮结、综筘等实行专业保养。

（二）纺织设备的检修

1. 纺织设备故障

纺织设备故障指设备（系统）或零部件丧失其规定的功能的状态。故障按其发展情况可分为突发性（偶发）和渐发性（磨损）两大类。纺织设备的突发性故障指通过事先的测试或监控不能预测到的，及事先并无明显征兆，亦无发展过程的随机故障，发生故障的概率与使用时间无关；纺织设备的渐发性故障指通过事先的测试或监控可以预测的故障，发生故障的概率与时间有关，使用时间越长，发生故障的概率越高，如零件磨损、腐蚀、疲劳、老化等。

纺织设备的故障率随使用时间的推移有明显变化,设备故障率曲线形状如下图。由于典型故障曲线的形状与浴盆相似,故又称浴盆曲线,它共分三个阶段(时期),如图4-1所示。

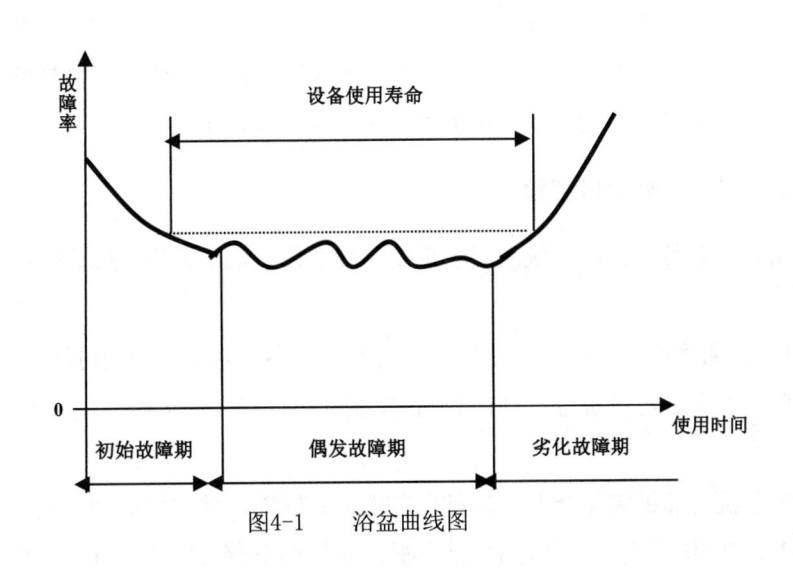

图4-1　浴盆曲线图

纺织设备性能劣化指设备在使用过程中,由于零部件磨损、疲劳或环境造成的变形、腐蚀、老化等原因,使原有性能逐渐降低的现象。通常这是正常磨损到急剧磨损的临界过程。

必须指出,传统的故障概念仅认为零件的损坏是故障的根源,但现代机械增加了复杂的控制部分(即信息及执行系统),形成了人机整体,不少时候是机器的零部件完好无损,但也发生故障。因此,现代设备的故障源至少有零件缺陷、零件配合不协调、信息指令故障、人员误操作、输入异常(原材料、能源、电、汽等不合格)和工作环境劣化六大因素。

2. 纺织设备修理的种类

纺织设备修理(俗称"保全"),是指修复由于日常磨损、震动或不正常的原因而造成的设备损坏和精度劣化。通过修理更换磨损、老化、腐蚀的零部件,可以使设备性能得到恢复。它的作用是恢复机器设备的机械性能和运转中所产生的损耗。

(1)大修理(俗称"大平车"),是对设备进行全面的修理,需要将设备全部拆开,校正和调整整个设备,检查校正机架水平,更换所有的磨损零部件,以全面恢复原有的安装精度、性能和生产效率,达到整旧为新,包括外形的油漆整形。

(2)小修理(俗称"小平车"),是对设备进行局部的修理,更换或修复个别磨损较快,不能保证连续使用到下次大修理的易损零件和个别套件,拆装部分机件,将其揩拭干净，同时检查各零件的相互作用，各易损零件的安装情况，校正一切机构的隔距等。

（3）部分保全，是在两次小修理之间针对设备的某一易损部位或部件进行修理或更新，对部分易走动的隔距加以校正。如梳棉机的调磨盖板、细纱机敲锭子、织机自动部分检修等。

必须指出，还有一种类型是中修理，它是指需要更换和修复设备的主要零部件和较多的磨损件，同时须检查整个机械系统、紧固所有机件、消除扩大了的各种间隙、换油和调整设备、校正设备的基准以保证设备能恢复和达到应有的标准和技术要求。如纺织厂有时采用特小平的形式、运输车辆采用的中修制等属中修理类型。

3. 纺织设备维修的日常管理

纺织企业对国产设备传统的四项重要管理工作是周期管理、质量检查、交接验收和考核评价。

（1）周期管理。修理周期是指相邻两次大（小）修理之间的时间间隔。纺织设备维修的周期管理是指对设备进行有计划的定期维护与修理，是贯彻以预防为主原则的重要制度。

纺织主机、辅机等保全保养项目均有规定的周期，并定出周期计划，到期停车修理。例如，大修理3年一次，小修理6个月一次，部分保全3个月一次（近年来，许多企业已经改为大平车4年或5年一次，小平车8个月或10个月一次）。但是，各类维修周期的长短是根据设备实际运转时间、部件耐用寿命、机械结构、负荷速度以及产品要求等确定的。例如，棉纺梳棉机二次大修理间隔4年，小修理间隔8个月，因第六次小修理与第二次大修理重复，所以大、小修理次数之比为1∶5。如果因生产需要小修理也要扩大修理范围，改为"特小平"；敲锭子等的周期可以均匀地插在两次小平周期之间进行；一般各厂分工序按4年大修理为一个周期，一次性分机台排好保全计划周期表，挡车、保养、检修等工作需要安排好保养周期计划。

（2）质量检查。质量检查是指对机器设备维修质量工作的检查，经过维修的机器设备一般均应分阶段，在自查基础上开展互查或逐级逐项检查以及抽查、复查。查出问题要分析原因，及时修复以达到安装质量，符合维修标准允许范围之内，最后做好记录并存档保管。

质量检查的内容包括：交接技术条件中所规定的项目；质量检查标准规定的机件磨灭限度和安装公差；其他认为有必要进行检查的项目。

（3）交接验收。使保全保养分清责任、相互促进、提高设备的维修质量和使用质量。

①初步交接验收。大小修理后的设备，经过试车，由保全组长交给保养组长或检修工。此时尚须经过运转考验，一般大修理须经9个班的运转查看期，小修理须经3个班的运转查

看期。

②最终交接验收。在初步交接验收后的7天内,由保全组长、保养组长或轮班长检查设备缺点修复情况和工艺测定结果,按照交接技术条件评等评级,办理最终交接验收手续。

4. 故障处理

(1) 故障树分析。故障树分析也叫因果图分析或故障逻辑查找法。主要用于分析零件、部件、子系统的问题。对整个设备、系统产生故障的影响,是由设备、系统上一层次的故障现象,分析下一层次对产生此故障现象的影响和其间的逻辑关系。

这种方法的优点是不仅能分析构成设备的硬件产生的影响,而且可将软件、人为因素、环境因素等产生的影响包括在分析内容之中;不但可以分析由单一零部件缺陷引起的设备故障,还可分析两个以上的零部件同时发生影响才产生的故障。

(2) 主观(五官)判断故障。

①问。向操作者询问故障发生经过,弄清是突发的、渐发的还是调修后产生的,及以前的处理方法。

②看。观察发生故障时零部件所处位置、加工件的类型和当时的周围环境。

③嗅。闻现场的气味。

④听。判别各种机械传动的不正常声响和产生部位。

⑤摸。用手触摸或简单的工具来判断设备的温度及振动等是否正常。

(3) 三"不放过"。

①事故原因分析不清"不放过"。

②事故责任者与其他员工未受到教育"不放过"。

③没有防范措施"不放过"。其目的是防止重复发生类似事故。

四、建立纺织设备维修管理

(一) 纺织设备预测性维护

预知维修或状态监测维修是一种以状态为基础的预防维修,在设计上广泛采用监测系统。在维修上采用高级诊断技术,根据状态监视和诊断技术提供的信息,判断设备的异常,在故障发生前进行适当维修。由于维修时机掌握得及时,设备零件的寿命可以得到充分的利用,避免过修或维修不足,是一种最合理的维修方式。但进行状态监测、设备诊断费用很高,故此方式适用于重点或关键设备。

(二) 纺织设备预防性维护

纺织设备状态维修是以点检为核心,依据纺织设备实际运行状态的劣化程度,制定相应的维修周期、维修内容及维修方式,实行预防维修体制。它是全员参加的科学管理方法,是我国纺织行业自引进世界先进水平的纺织主机设备后,结合日本设备全员生产维修管理以及我国传统的设备周期维修方式经验进行不断总结创新、综合运用各种维修方法的一种现代化设备管理方式。

1. 预防维修

预防维修（PM）有两种形式,即计划预修制和预防维修制。

（1）计划预修制。计划预修制又称"计划修理制",是指我国纺织企业从20世纪50年代起,一直采用周期计划维修模式,即定期大、小平车。维修周期按照设备类型确定,一经制定,就多年不变,为防止事故发生,到期（计划修理周期图表）采取强制预修手段。其特点在于预防性与计划性,即在设备未曾发生故障时就有计划地进行预防性的维修。缺点是易造成迟修或过剩维修的现象。

（2）预防维修制。预防维修制是以对设备日常点检和定期点检为基础,依据点检出的缺陷,及时编制维修计划,对设备进行修理,排除隐患,恢复设备性能。其特点是依据设备运行状态安排修理计划。优点是可把出现的故障和性能劣化消灭在萌芽状态,防止过修或欠修；缺点是定期点检工作量大。预防维修首先在美国推行,后由日本引进并结合日本实际创新和发展为全员设备管理（TPM）。

2. 状态维护

状态维修也称"点检定修制",是依据点检提供的设备状态信息,制定维修方式的制度,具体就是根据设备的技术状态、加工工艺状态和产品质量状态等制定相应的维修方式。主要内容有三个方面。

（1）统筹安排计划检修。具体是根据设备异常的征兆和劣化程度进行诊断即分析、研究、确定修理的部位,制定出维修的类别、时间和方法,分为需要停产条件下进行的计划检修（定修）和不需要停产条件下进行的计划检修（日修）。

（2）修理、点检、操作三方明确责任、相互协调、实行标准化程序管理。维修的方式、人员、工具、材料、时间、综合进度、相互配合事项等都必须考虑周全。

（3）纺织行业各种类型的设备差异很大,国产设备和进口设备要区别对待,同是国产设备因各个工序不同也要选择适宜的维修方式和各种先进的维修方法。

（三）纺织设备纠正性维护

纺织设备在使用阶段,其维修管理系统由设备计划综合维修、预防维修、故障维修、紧急维修、改进维修和维修预防等子系统组成。

1. 故障维修

故障维修又称"事后维修",它是设备发生故障时采取的非计划维修,工业初期到20世纪20年代采用。目前,有些独立设备或辅机也可采用事后修理,这样较为经济。

2. 维修预防

维修预防又称"无维修设计",它是指在设备设计时就考虑设备在使用中无须维修和没有故障时间,这是一种策略。如各种电子类纺织监测仪器等。生产关键设备或故障停机损失很大的工艺设备才有发展无维修设计的趋势。

3. 改进维修

改进维修是针对设备先天不足、经常发生故障或维修性差,为提高设备的可靠性、维修性、经济性、安全性等而进行的维修。它是改变原有设备的一种修理方式,使设备不再发生以前出现过的故障。可结合设备改造计划,通过改进维修提高设备性能和增加新的功能。

4. 计划综合维修

计划综合维修是从经济角度出发,以无维修设计为方向,以追求最低成本为目标,把设备因性能劣化、故障停机所造成的损失与维修费用相比较,使总费用最低。对不同设备或同一设备不同的部位,所处不同的生产状态,采用预防维修、故障维修、状态监测维修、无维修设计和改进维修等方式的最佳组合,使维修费用与停产损失费用的综合费用最低,这是计划综合维修考虑问题的出发点和落脚点。

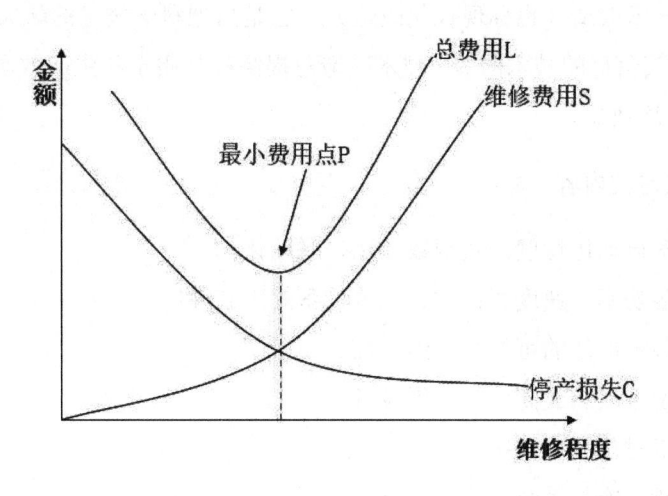

图4-2 经济与维修程度图

由图4-2可知,越是周密地进行维修,设备故障所造成的停机损失就越少,而维修费用与维修程度成正比例增长,企业的总费用(L)等于维修费用(S)加上停机损失(C)。曲线最低点对应的维修程度,即最小费用点P,也是计划综合维修的最佳维修方案。

设备计划综合维修管理,要求尽可能地减少设备故障发生的次数。一旦设备出事故和损坏时,要在最短时间内修复,而且要用最低费用保证设备持续稳定运行。这样,有助于完成生产计划,严格执行合同交货期,提高产品质量,降低产品成本,改善环境保护,提高企业生产效率,增加企业经济效益。

五、纺织设备的改造与更新

由于科学技术的高速发展,现有设备和新设备不断完善,设备无形老化的速度越来越快,陈旧便成为设备的突出问题。设备管理必须研究如何提高设备管理的经济效益,促进设备的改造与更新。

(一)纺织设备的改造

纺织设备改造是指把科学技术新成果应用于纺织企业的现有设备,通过对设备进行局部革新、改造,以改善设备性能,提高设备的技术先进性和生产适用性,提高生产效率和设备的现代化水平。

1. 纺织设备改造的形式

(1)设备的改装。它是指为了满足增加产量或加工要求,对设备的容量、功率、体积和形状的加大或改变。例如,将设备以小拼大,以短接长,多机串联等。改装能够充分利用现有条件,减少新设备的购置,节省投资。

(2)设备的技术改造(也称现代化改造)。它是指把科学技术的新成果应用于企业的现有设备,改变其落后的技术面貌。技术改造可提高产品质量和生产效率,降低消耗和成本,全面提高经济效益。

2. 纺织设备改造的内容

(1)提高设备自动化程度,实现数控化、联动化。

(2)提高设备功率、速度和扩大、改善设备的工艺性能。

(3)提高设备零部件的可靠性、维修性。

(4)将通用设备改装成高效、专用设备。

(5)实现加工对象的自动控制。

(6)改进润滑、冷却系统。

(7)改进安全、保护装置及环境污染系统。

(8)降低设备原材料及能源消耗。

（9）使零部件通用化、系列化、标准化。

3. 纺织设备改造的原则

纺织企业在搞设备改造时，必须充分考虑改造的必要性、技术的可能性和经济上的合理性，具体应注意以下几个方面。

（1）设备改造必须适应生产技术发展的需要，针对设备对产品质量、数量、成本、生产安全、能源消耗和环境保护等方面的影响程度，在能够取得实际效益的前提下，有计划、有重点、有步骤地进行。

（2）必须充分考虑技术上的可能性，即设备值得改造和利用，又有改善性能、提高效率的可能。改造要经过大量试验，严格执行企业审批手续。

（3）必须充分考虑经济上的合理性。改造方案要由专业技术人员进行技术经济分析，并进行可行性研究和论证。设备改造工作一般应与大修理结合进行。

（4）必须坚持自力更生方针，充分发动员工，总结经验，借鉴国外企业的先进技术成果，同时也要重视学习先进科学技术。

（二）纺织设备的更新

纺织设备更新是指用比较先进经济的纺织设备，来替代技术上不能继续使用或经济上不宜继续使用的纺织设备。

1. 纺织设备更新的形式

纺织设备更新的形式一般有两种。一种是纺织设备的原型更新（也叫简单更新），是指用同类型的新设备代替旧设备。它适用于设备的技术寿命尚可但物质寿命已尽，或设备制造厂受技术水平限制不能提供新的机型。二是纺织设备的技术更新，是指用技术上更加先进、效率更高的先进设备来代替技术上不能继续使用，经济上不宜继续使用的陈旧设备。

2. 纺织设备更新的原则

（1）纺织设备更新应当结合企业的经济条件，有计划、有重点、有步骤地进行。

（2）要做好调查摸底工作，根据纺织企业的实际需要和可能，安排设备的更新工作。注意克服生产薄弱环节，提高企业的综合生产能力。

（3）有利于提高生产的安全程度，有利于减轻工人劳动强度，防止环境污染。

（4）更新设备要同加强原有设备的维修和改造结合起来，如改造后能达到生产要求的，可暂不更新。

（5）讲求经济效益，做好设备更新的技术经济分析工作。主要包括确定设备的最优更新周期、计算设备投资回收期等。

【实施任务】

日本企业的故障修理法

日本企业的设备开动率基本保持在80%-90%,重要措施是狠抓设备的故障修理,其做法有三。第一是根据设备磨损规律的不同故障期,采取不同的维修方法。设备的第一磨损期,即初期故障期,由于设备刚刚使用,性能不稳,故障率偏高。这主要是设计、制造和安装过程中的缺陷所致。应搞好严格试车验收的初级管理,加强改善维修。设备的第二磨损期,即偶发故障期,这个时期,设备性能基本稳定,故障率也趋于稳定,故障较少,且多是因操作人员的技术不熟练或操作失误而引起的。为此,要在搞好职工培训的同时,加强预防性检查,实行预防性维修。设备的第三磨损期,即磨损故障期,又称损坏期,是设备的事故多发期,除了加强日常维护保养和预防维修外,还必须加强改善维修,促使设备故障率降低,延长使用寿命。第二是发生事故及时维修,减少设备停歇时间。在日本一些工厂,设备一旦发生故障,操作工人立即打开设备故障红灯。维修人员便跑步赶到现场进行抢修,停歇超过半小时以上的,必须报告主管课长处理。如某日本公司在修理工人工位下面特地安装了故障停歇表,以便掌握因故障停机的时间。该公司十分注意加强维修人员的基本功训练,不断提高维修效率和质量。第三是合理安排生产工人和维修工人的工作时间。对于白班或两班生产的企业,跟班维修工人与操作工人同时上班,跟班维修,其他维修工人的班次和生产工人的班次交叉,较多地利用生产间隙时间进行维修,有些则安排在星期日或节假日进行维修,从而降低设备的停歇时间。

试分析:日本企业的故障修理法给我们进行设备的管理与维修有何启示。

【知识点检测】

1. 如何理解设备的有形磨损和无形磨损?
2. 简述设备的综合管理。

任务3　质量管理

【任务导入】

小王同学毕业后在一家织造厂从事品控员工作，上班第一天他的领导就问他，"如果我们发现织布车间出现大量布面疵点现象，影响了产品的质量。我们如何查明产生布面疵点的原因？"

这下把小王问懵了，不知道如何回答领导。如果你是小王，你将如何作答？

【任务分析】

要完成本次任务，必须明确以下问题。

1.产品质量的内容是什么？

2.质量管理的内容及质量分析方法是什么？

【知识点讲解】

质量是社会生产、生活中的一个永恒的话题，产品质量是企业发展的生命线，是增强企业竞争力的支柱，是经济效益的源泉。坚持质量第一，增强质量意识，严格质量管理与控制，稳定和提高产品质量，是生产管理的基本职责之一。

生产管理在质量管理中的工作主要是就生产过程中对质量方面的问题进行管理与控制，因此我们应该深刻了解质量与质量管理，在企业中进行全面质量管理，对工序质量进行控制，同时要树立质量成本观念，把质量成本降到最低点。

一、质量

质量是指"一组固有特性满足要求的程度"。质量的概念最初仅用于产品，以后逐渐扩展到服务、过程、体系和组织，以及以上几项的组合。目前国际上已普遍采用广义质量概念。"广义质量"是相对于狭义质量（产品质量）而言的，指"反映产品或服务满足明确或隐含需要能力的特征和特性的总和"。

（一）产品质量

产品质量一般包含产品质量指标和产品质量标准。

1.产品质量指标

所谓产品质量是指工业产品（或服务）能够满足社会和人们需要的某种属性或特性。凡是由产品使用目的所提出的各项要求都属于这种特性。它包括尺寸结构、重量、精度、功率、强度、材质、性能，即机械、物理以及化学成分等内在质量特性，还包括外观、形式、形状、色彩等外部质量特性。

不同工业产品，根据各自适用的要求，具有不同的质量特性，常用产品质量指标，即用以反映产品质量水平的质量特性值来表示。产品质量指标种类繁多，但概括起来，有以下五种类型。

（1）性能指标。产品的性能是指产品为满足使用目的所具备的技术特性，即产品在不同目的、不同条件下使用时，其技术特性的适合程度。如汽车的载重量、速度；灯泡的光色、功率、发光效率等。

（2）寿命与可靠性指标。产品寿命是指产品能够按规定的功能正常工作的期限。常用的指标有工作时间、工作次数等。产品可靠性是指产品在规定的时间内和条件下，能完成规定功能的能力。常用指标有可靠度、故障率等。产品的寿命指标和可靠性指标都是综合指标，它们反映了产品的耐用度和稳定性。

（3）安全性指标。安全性是反映产品使用过程对使用者及周围环境安全、卫生保证的程度。如辐射、毒性、噪音、排污等方面的指标。

（4）经济性指标。经济性是反映产品生产及使用过程中所花费的经济代价的大小。如产品的设计加工、用料等生产费用和产品在使用过程中的动力、燃料等的消耗的维持费用。常用的指标有生产成本、使用成本、寿命周期总成本等。

（5）结构合理性指标。包括产品的可修性、零件的互换性等方面的指标，如操作方便、省力等。

以上五类指标各反映着产品在满足用户需要时所应具备的基本要求，它们可用"适用性"来概括。

2. 产品质量标准

产品的质量特性，有的是可以直接定量的，如钢材的强度、硬度等，但有的是难以直接定量，如外观、舒适、操作方便等性能。对这些质量特性就要通过对产品进行综合的个别的试验，确定某些技术参数来间接地反映产品的质量特性。不论是直接定量的还是间接的质量特性，都应准确地反映社会和用户对产品质量特性的客观要求，把反映产品技术标准或称质量标准。

我国的产品质量标准，依照发布的单位和通用范围的不同，共分为国际标准、国家标准、部委标准和企业标准。

企业所生产的产品，凡符合质量标准者为合格品，否则为不合格品。在不合格品中，属于不可修复的不合格品，即废品，属于可以修复的不合格品，称为返修品。另外，有些不合格品虽低于质量标准，如包括产品外观在内的质量有一、二项指标未达到技术标准，但仍具有一定使用价值，可不作为废品，而作为等外品，如次品、处理品等。

提高产品质量，并不是说产品质量标准越高越好，我们提倡生产适销对路、物美价廉的产品。若质量标准定低了，就不能满足用户的需要，产品的适用性不好；若质量标准定高了，超过了用户需要，价格也高，则产品的适用性也不好。因此，必须制定一个适宜的质量标准，尽量做到既技术先进而又经济合理。

(二) 工程质量

在质量管理工作中，工程质量的含义是指企业为保证生产合格产品而具备的全部手段和条件所达到的水平。一般包括以下六个方面。

(1) 人 (Man)，即人的素质，包括人的文化技术水平，操作熟练程度，组织管理能力，责任心等。

(2) 机器 (Machine)，指机床、工具的质量，即机器设备和工艺技术装备的精度、适应程度和维护保养质量等。

(3) 材料 (Material)，指原材料、辅助材料、燃料动力、毛坯、外购件、标准件的质量，即它们的物理、化学性能和几何形状等。

(4) 方法 (Method)，指工艺方法、试验手段、操作规程和组织管理方法等。

(5) 测量 (Measurement)，指测量器具、测量方法等。

(6) 环境 (Environment)，包括环境的温度、湿度、清洁度、震动、噪音、美化程度等。

上述六方面因素，简称为5M1E，这些影响质量因素综合发生作用的过程就是质量工程发生作用的过程。企业工程质量的好坏，决定产品质量的高低。因此，要提高产品质量首先必须提高工程质量。

(三) 质量环与工作质量

无论什么产品，产品质量都有一个逐步产生、形成和实现的过程，受到企业中的各项工作的影响，这可用质量环来表示。所谓质量环，是指从识别需要直到评定这些需要是否得到满足的各个阶段中，影响质量的相互作用的活动的概念模式，其中的每项活动就构成了一项质量职能。可见，质量环实际上是指从最初识别市场对产品质量的要求到最后满足用户需要和期望的全部活动的总称。ISO9004提出与企业质量内容许多工作直接相关。工作质量，顾名思义，就是指质量环中这些为保证和提高产品质量的工作和活动的质量。

工作质量和产品质量是两个既有区别又有联系的概念。产品质量是企业各方面工作质量的综合反映，而工作质量是产品质量的保证和基础。质量管理既要抓产品质量，又要抓工作质量，并将重点放在抓好工作质量上，通过提高工作质量保证和提高产品质量。

图4-3 质量环

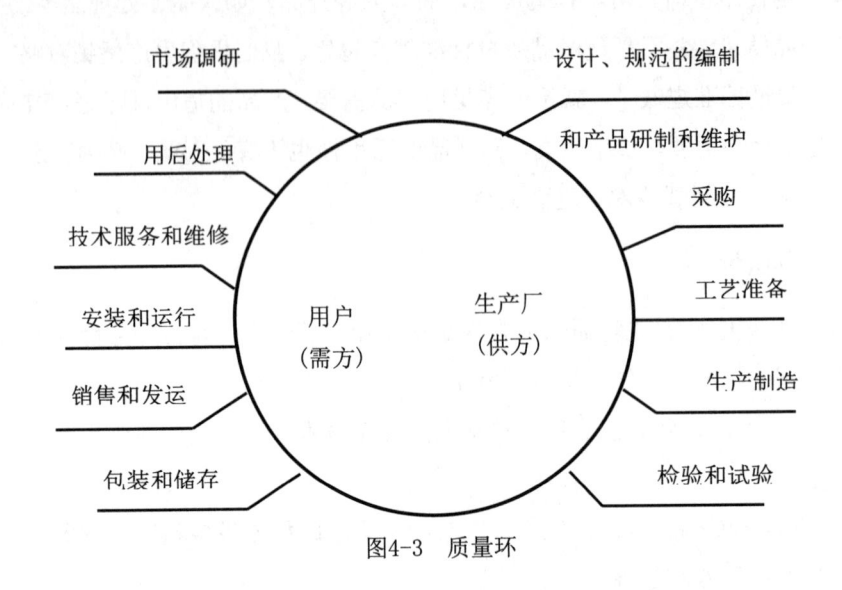

二、质量管理

（一）质量管理的概念

质量管理是企业全部管理活动的一个方面，是指确定质量方针、目标和职责，并通过质量体系中的质量策划、质量控制、质量保证和质量改进来使其实现的所有管理职能的全部活动。

（二）质量管理的职能

质量管理职能主要是负责质量方针的制定和实施，具体包括以下内容。

1. 制定质量方针和目标

质量方针，又称质量政策，是指由某机构的最高层领导人正式颁布的总的质量宗旨和目标。如产品质量要达到的水平、对企业质量管理活动的要求、售后服务的总原则等，都属于质量方针范畴。质量方针是企业开展工作的指南。质量目标是企业按照质量方针所提出的一定时间内质量方面达到的预期成果。如废品率下降水平、故障成本在产品成本中所占比重等。在实践中应注意通过质量策划使质量方针和目标具体化。

2. 建立质量体系

质量体系是指为实施质量管理所需的组织结构、程序、过程和资源。质量体系既包括了人力和物质资源的"硬件"内容，也包括了组织体制、程序等软件内容。建立质量体系时，应形成必要的体系文件，如质量手册、管理性程序文件、技术性程序文件、质量计划、质量记录等。因此,质量体系的意义不仅在于建立组织机构,更重要的是在于明确组织机构的职责范围和工作方式;不仅在于使企业各方面的质量工作有效地开展,更重要的是在于使这些工作相互协调,构成一个有机的整体。实现企业的整体质量的完善。

3. 开展质量控制和质量保证活动

质量控制是指为满足质量要求所采取的作业技术和活动。质量控制的作用,就是根据质量标准,监视质量环上各环节的工作,使其在受控制状态下运行,从而及时排除和解决所产生的问题,保证满足质量要求。

质量保证是指为使人们确信某实体能满足质量要求,在质量体系内开展的并按需要进行证实的有计划和有系统的全部活动。因此,"证实"是质量保证的关键,这意味着企业必须就是否具有满足质量要求的能力提供充分必要的依据,接受第三方权威机构的客观、公正评价。质量保证包括两种含义:一是指企业用户所做的一种质量担保,即用户确保企业产品或服务的质量满足其规定的要求,因此,它是一种企业取得用户信任的手段。二是企业为了确保本企业产品或服务的质量满足规定要求所进行的活动,因此,它是一种管理手段。

4. 进行质量改进

质量改进是指"为本组织及其顾客提供更多的收益,在整个组织内所采用旨在提高活动和过程的效益和效率的各种措施"。质量改进是无止境的,只要不断地寻找问题,积极进行改进,就可以提高企业的质量水平,增强企业的竞争力。

实际上质量管理可以说是进行质量上的保证,其运作的基本方式有质量反馈与质量管理工作循环两个内容。

(三)质量反馈

所谓质量反馈,就是在质量保证体系的各环节、各工序之间,按反工艺顺序方向输送质量情报,也就是后续生产过程对前面环节或前道工序出现的质量问题,除迅速现场处置以外,还把信息反映给前方工序,作为改进产品质量的依据。

质量反馈,按其来源以及信息流转的范围来看,可以分为"厂内反馈"和"厂外反馈"。

1. 厂内反馈

厂内反馈即企业的内部反馈,来自四个方面。

(1)工序质量测试。是车间各质量管理小组,由试验室、现场操作人员所提供的各工序的质量测试信息,提供给现场领导,作为指挥生产、消除异常状况的依据。

(2)生产现场动态。把生产动态及影响工序质量的稳定程度,每时每刻通过调度部门、生产现场操作人员及时收集,为质量管理部门提供高质量的趋向和管理的有效性等动态资料。

(3)出厂成品检验。是由技术检验科室和质量监督部门,按照质量标准,对出厂产品进行检验。它是厂部分析、指挥和调整生产过程中质量问题的重要依据。

(4)质量基础资料。是指影响质量的几项重要因素,如原材料、设备、操作工艺等发生动态变化的反映。

2.厂外反馈

厂外反馈是指产品进入流通领域或使用过程中,用户对质量问题的反映,来自五个方面。

(1)外部厂的信息。这是指使用本厂的产品、半成品等用以继续加工的下道工序性工厂提供的质量情报资料。

(2)对手厂的信息。这是指生产同类产品工厂的信息资料。

(3)主管部门的信息。这是来自上级机关的文件、条例、规定和各项指标,是作为企业制定质量发展计划的重要信息来源。

(4)国内市场信息。这是指国内市场对产品需求的信息,可作为企业产品更新换代的主要依据。

(5)国外市场信息。这是指国外市场、用户对产品需求的信息。以上所述的厂内和厂外两种反馈,如图4-4所示。它把企业内外的各环节沟通起来,构成了一个完整的质量保证体系。

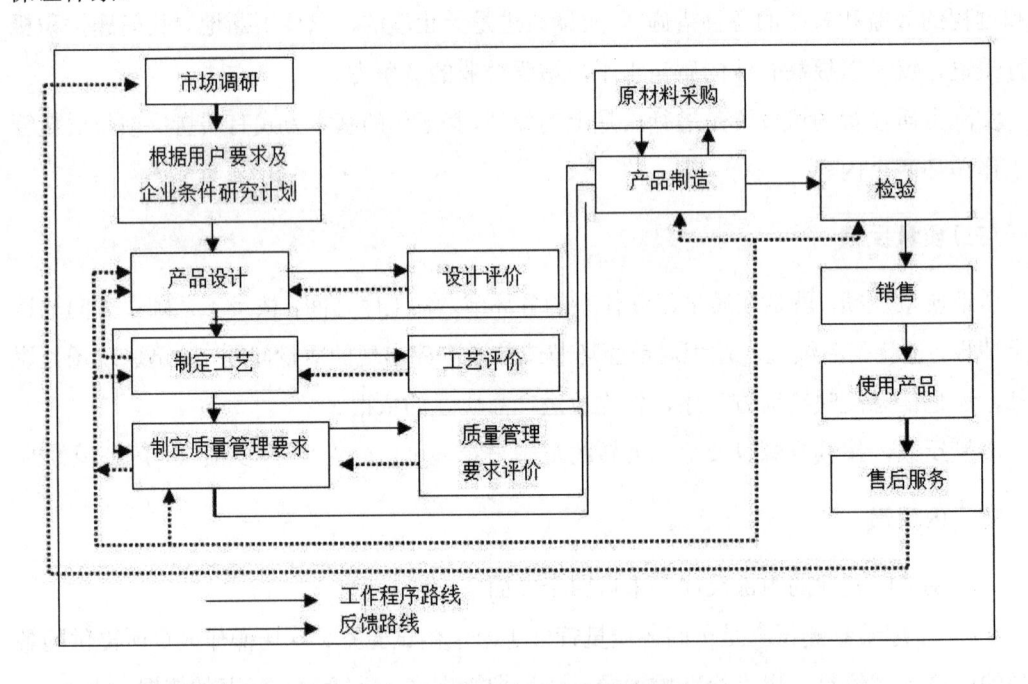

图4-4 质量反馈示意图

质量管理是企业全部管理活动的一个方面,是指确定质量方针、目标和职责,并通过质量体系中的质量策划、质量控制、质量保证和质量改进来使其实现的所有管理职能的全部活动。

三、全面质量管理

（一）全面质量管理的概念

全面质量管理（TQC）是把企业作为产品质量生产的整体，使企业全体职工及有关部门同心协力，综合运用管理技术、专业技术和科学方法，有效地开发、研制、生产和销售用户满意的产品的管理活动。

1. 全面的质量管理

全面的质量管理不仅管产品质量，同时也将产品质量赖以形成的工作质量和工程质量，将三方面的综合作为管理控制的对象，用优质的工作质量和工程质量来保证产品质量，要求保证质量、物美价廉、交货及时、服务周到，一切使用户满意。

2. 全过程的质量管理

产品质量始于设计，成于制造，终于使用。要保证产品质量，必须把产品质量形成的全过程的各个环节的有关因素都有效地控制起来，即从市场调查、产品设计、原材料采购、试制、生产、检验、仓储、销售到售后服务各个环节都实行严格的质量管理，并形成一个综合的质量管理体系。

3. 全员参与的质量管理

产品质量是企业各方面工作的综合反映。产品质量好坏涉及企业的所有部门和所有人员。它要求树立"质量管理，人人有责"的观念，通过落实岗位质量目标责任制和对全体员工进行质量意识教育，把全体员工的积极性和创造性集中到参与质量管理的工作上。

4. 方法灵活多样的质量管理

随着人们对产品的性能、精度和可靠性等方面的要求日益提高，检验测试的工作量成倍增加。另外，影响产品质量的因素又异常复杂，因而必须对质量管理提出新的要求，即要求企业在建立严密的质量保证体系的同时，充分地利用现代科学的一切成就，广泛灵活地运用现代化的管理方法、管理手段和技术手段，来提高各部门的工作质量，找出产品质量存在的关键问题，达到提高产品质量的目的。

（二）全面质量管理的实施过程

全面质量管理活动的全部过程，就是质量计划的制订和组织实施的过程。这个过程要按照PDCA管理循环，周而复始地运转。PDCA是英文Plan（计划）、Do（实施）、Check（检查)、Action(处理)四个词的第一个字母的缩写组合,是由美国质量管理专家戴明博士(W. E. Deming)首先提出的,所以也叫"戴明环"或"质量管理工作循环"。它包括四个阶段,八个步骤,如图4-5所示。

1. 计划阶段

确定质量目标、质量计划、管理项目和措施方案。它分为四个步骤。

第一步,分析质量现状,找出存在的质量问题。在分析质量现状时,必须通过数据进行分析,并用数据说明存在的质量问题。

第二步,分析产生质量问题的各种原因或影响因素。一般有人、机(设备、工具、工装)、料(材料、零配件)、法(工艺、方法、检测)、环境等因素。

第三步,从各种原因中找出影响质量的主要原因。这是解决质量问题的关键。

第四步,针对影响质量的主要原因制订对策,拟定管理、技术和组织措施,提出执行计划和预计效果。在制订措施和计划的过程中应明确为什么要制订这一措施和计划,预期达到什么目标,在哪里执行这个措施和计划,由哪个单位或谁来执行,什么时间开始执行,何时完成,怎样执行等,即"5W1H"。

2. 实施阶段

第五步,按预定计划、目标和措施,具体组织和实施。

3. 检查阶段

第六步,把实施的结果和计划的要求对比,检查计划的执行情况和实施的效果。

4. 处理阶段

第七步,总结经验教训、巩固成绩并对出现的问题加以处理。就是把成功的经验和失败的教训都要纳入相应的标准、制度或规定之中,以巩固已经取得的成绩,防止重复出现已发生过的问题。

第八步,把未解决的问题转入下一个管理循环,作为下一个阶段的计划目标。

PDCA管理循环不停地运转,原有的质量问题解决了,又会产生新的问题,需要继续解决,如此循环不止。这就是管理循环不断前进的过程,也是全面质量管理工作必须坚持的科学方法。

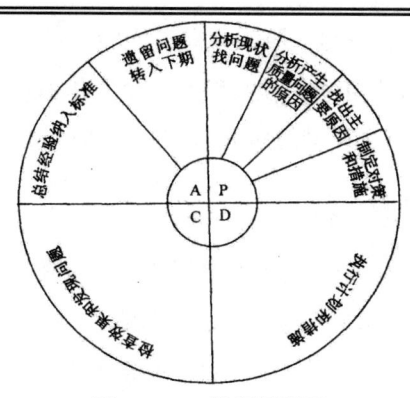

图4-5 PDCA管理循环图

PDCA管理循环的特点有三个方面。

（1）大环套小环、小环保大环，互相促进。如图4-6所示，整个企业的质量管理体系构成一个PDCA管理循环，而各个部门各级单位直到每个人又都有各自的PDCA管理循环，依次又有更小的PDCA管理循环，从而形成一个"大环套小环，一环扣一环，小环保大环，推动大循环"的综合管理体系。

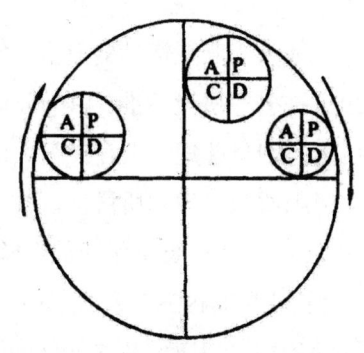

图4-6　大循环套小循环示意图

（2）循环上升。PDCA管理循环是螺旋式上升的，如同爬楼梯一样，每循环一次就前进、提高一步，循环往复，永无止境，质量问题不断解决，工作质量、管理水平和产品质量就不断提高。如图4-7所示。

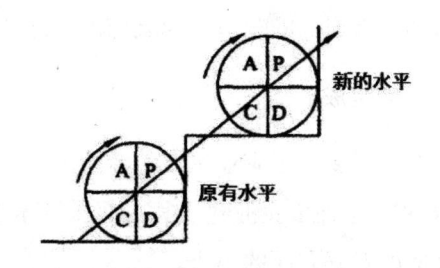

图4-7　PDCA管理循环逐级上升示意图

(3)处理阶段是关键。在这一阶段要总结经验，巩固成绩，纠正错误，吸取教训，并使质量管理工作制度化、标准化，使每经过一个工作循环，质量水平就能稳定到一个新的水平上。通过不断研究解决质量问题的措施，推动产品质量的提高。

四、ISO9000系列标准和质量认证

在现代市场经济环境中，企业为了在激烈的竞争中获得竞争优势，其经营思想和经营行为必须将用户的行为作为重要影响因素加以认真考虑，力争取得用户信任。这种信任不仅源于对企业产品质量的评价，而且源于对企业整体质量能力的评价。随着国际贸易和技术交流的增加，为了保证公平竞争，要求评价工作必须建立在统一、客观的基础上。正是在这样的背景下，国际标准化组织质量管理和质量保证技术委员会在总结各国的实践经验的基础上，制定和颁布了ISO9000族标准。它不仅为规范国际统一的质量认证体制奠定基础，而且为企业建立体系和开展质量管理活动提供了规范化的依据，使世界各国有关质量管理和质量保证的概念、原则、方法和程序统一在国际标准的基础上。

（一）ISO9000标准体系简介

20世纪70年代以来，质量已经成为工商业活动的重点，各个国家、地区或者企业在质量管理领域中，曾经各自制定出了许多的质量标准。由于分析角度、基本概念以及理论依据上的不同，这些标准在有关质量的细节性规定上存在很大的差异，这些差异极大地阻碍了贸易活动的进行。国际标准化组织质量管理和质量保证技术委员会（ISO/TC176）在多年努力协调的基础上，总结了各国质量管理和质量保证的经验，经各国质量管理专家近10年的努力工作，于1986年6月15日正式发布ISO9402《质量：术语》标准，1987年3月正式发布《ISO9000——ISO9004系列标准》（以下简称ISO9000系列标准）。这些标准的发布，使世界主要工业发达国家的质量管理与质量保证的概念、原则、方法和程序统一在国际标准的基础上，标志着质量管理和质量保证走向了规范化、程序化的新高度。

ISO9000系列标准自发布以来，在世界上产生了巨大的影响。目前，已经有70多个国家向国际ISO组织证实采用ISO9000系列作为其贸易活动的国际标准。同时，在国际贸易发达的国家或地区，这些标准已经成为其最常采用的质量认证标准。我国于1988年宣布等效采用这些标准，并参照ISO9000系列标准制定了国家标准：GB/T10300系列标准。

（二）ISO9000系列标准的组成

ISO9000系列标准的工作范围涵盖了企业生产与经营的方方面面，包括了用户对产品和服务的绝大部分的质量要求，是许多企业建立其内部质量体系的主要依据。通常，我们所说的ISO9000系列标准包括以下五方面的内容。

①ISO9000《质量管理和质量保证标准的选择和使用指南》

②ISO9001《质量体系:设计、开发、生产、安装和服务的质量保证模式》

③ISO9002《质量体系:生产、安装和服务的质量保证模式》

④ISO9003《质量体系:最终检验和试验的质量合格证模式》

⑤ISO9004《质量管理和质量体系要素的指南》

其中,ISO9000标准是采用和选择ISO9000系列标准的总指南,阐述了ISO/TC176所制定的质量管理和质量保证标准中所包含的与质量有关的基本概念,即对主要质量目标的选择与受益者及其期望、质量体系要求和产品要求的区别、通用产品类别和质量要领的若干方面等问题作出了明确的解释,并提供了关于这些标准的选择和使用的原则、程序和方法。ISO9004标准提出并阐述了质量管理体系一般应包括的基本要素,企业应根据市场环境、产品类型、生产特点和用户需要等具体情况选择相应的要素。ISO900—ISO9003主要用于合同环境下的外部质量保证,它们为供需双方签订有质量保证要求的合同提供了可供选择的三种不同的模式。选定的模式可作为供方企业质量保证工作的依据,也可作为需方或经供需双方同意的第三方对供方企业质量体系进行验收的依据。

(三)ISO9000系列标准内容简介

ISO9000系列标准是在总结、协调各主要质量体系的基础上形成的,其概念和理论的有效实施会给供需双方带来好处。ISO9000系列标准的发布标志着质量管理和质量保证工作规范化、国际化和程序化,满足了当今国际贸易中工商业应用的需要,是各国企业进入国际市场的一张通行证。此外,各国还有些质量认证标准,如中国的方圆认证,长城认证等质量认证体系,但以ISO9000影响最大,应用最广。ISO9000系列标准的内容,简要说明如下。

(1)ISO9000。这个标准是ISO9000系列标准使用的指导性标准。该标准阐明了ISO9000系列标准涉及质量的主要概念和这些概念之间的区别及相互联系,为ISO9000系列标准提供了选择和使用的指南。除ISO8402中已明确定义过的概念之外,此标准进一步阐明了与商业活动有关的一些概念,例如,有关产品类型的硬件、软件、流程性材料的定义,涉及贸易双方的工业(经济)部门、受益者、供应链的定义,以及对ISO9000系列标准范围的界定等。

(2)ISO9001。这个标准是用于外部质量保证的三个涉及质量体系要求的标准。该标准阐述了从产品设计(开发)开始,直至售后服务的全过程的质量保证要求,以保证在包括设计(开发)、生产、安装和服务各个阶段符合规定的要求,防止从设计到服务的所有阶段出现不合格。它适用于顾客要求供方企业提供质量体系从合同评审、设计直到售后服务都具有能进行严格控制能力的足够证据的情况。

(3)ISO9002。这个标准是用于外部质量保证的三个涉及质量体系要求的标准中要求程度居中的一个标准。该标准阐述了从采购开始，直至产品交付的生产过程的质量保证要求，以保证在生产、安装阶段符合规定的要求，防止以及发现生产和安装过程中的任何不合格，并采取措施以避免不合格重复出现。它适用于顾客要求供方企业提供质量体系具有对生产过程进行严格控制能力的足够证据的情况。

（4）ISO9003。这个标准是用于外部质量保证的三个涉及质量体系要求的标准中要求最低的一个标准，该标准阐述了从产品最终检验至成品交付的成品检验和试验的质量保证要求，以保证在最终检验和试验阶段符合规定的要求。它适用于顾客要求供方企业提供质量体系具有对产品最终检验和试验进行严格控制能力的足够证据的情况。

（5）ISO9004。这个标准是指导企业建立质量管理体系的基础性标准，就质量体系的组织结构、程序、过程和资源等方面的内容进行了说明，对产品形成各阶段的影响质量的技术、管理和人等方面的因素进行了分析，对于如何控制质量提供了全面的指导。

为了确保产品或服务质量完全符合ISO9000系列标准的有关技术规范要求，取得通向国际市场的通行证，往往需要第三方机构对于生产者的质量体系进行认证。质量认证就是世界各国对产品质量和企业质量体系进行评价、监督、管理的通行做法和认证制度。

（四）ISO9000的质量认证

（1）强化品质管理，提高企业效益，增强客户信心，扩大市场份额。

负责ISO9000品质体系认证的认证机构都是经过国家认可机构认可的权威机构，对企业的品质体系的审核是非常严格的。这样，对于企业内部来说，可按照经过严格审核的国际标准化的品质体系进行品质管理，真正达到法治化、科学化的要求，极大地提高工作效率和产品合格率，迅速提高企业的经济效益和社会效益。对于企业外部来说，当顾客得知供方按照国际标准实行管理，拿到了ISO9000品质体系认证证书，并且有认证机构的严格审核和定期监督，就可以确信该企业是能够稳定地生产合格产品乃至优秀产品的信得过的企业，从而放心地与企业订立供销合同，扩大了企业的市场占有率。可以说，在这两方面都收到了立竿见影的功效。

（2）获得了国际贸易"通行证"，消除了国际贸易壁垒。

许多国家为了保护自身的利益，设置了种种贸易壁垒，包括关税壁垒和非关税壁垒。其中非关税壁垒主要是技术壁垒，技术壁垒中，又主要是产品品质认证和ISO9000。品质体系认证的壁垒。特别是在世界贸易组织内，各成员国之间相互排除了关税壁垒，只能设置技术壁垒，所以获得认证是消除贸易壁垒的主要途径。

（3）节省了第二方审核的精力和费用。

在现代贸易实践中，第二方（购买方）审核早就成为惯例，又逐渐发现其存在很大的弊端：一个供方通常要为许多需方供货，第二方审核无疑会给供方带来沉重的负担；另一方面，需方也需支付相当的费用，同时还要考虑派出或雇佣人员的经验和水平问题，否则，花了费用也达不到预期的目的,ISO9000认证可以排除这样的弊端。因为作为第一方的生产企业申请了第三方的ISO9000认证并获得了认证证书以后,众多第二方就不必要再对第一方进行审核,这样,不管是对第一方还是对第二方都可以节省很多精力或费用。此外,如果企业在获得了ISO9000。认证之后,再申请UL、CE等产品品质认证,还可以免除认证机构对企业的品质保证体系进行重复认证的开支。

(4) 产品质量永远立于不败之地。

国际贸易竞争的手段主要是价格竞争和品质竞争。由于低价销售的方法不仅使利润锐减,如果构成倾销,还会受到贸易制裁,所以价格竞争的手段越来越不可取。20世纪70年代以来,品质竞争已成为国际贸易竞争的主要手段,不少国家把提高进口商品的品质要求作为贸易保护主义的重要措施。实行ISO9000国际标准化的品质管理,可以稳定地提高产品品质,使企业在产品品质竞争中永远立于不败之地。

(5) 有效地避免产品责任。

各国在执行产品品质法的实践中,由于对产品品质的投诉越来越频繁,事故原因越来越复杂,追究责任也就越来越严格。尤其是近几年,一些发达国家在把原有的"过失责任"转变为"严格责任"法理,对制造商的安全要求提高很多。例如,工人在操作一台机床时受到伤害,按"严格责任"法理,法院不仅要看该机床机件故障之类的品质问题,还要看其有没有安全装置,有没有向操作者发出警告的装置等。法院可以根据上述任何一个问题判定该机床存在缺陷,厂方便要对其后果负责赔偿。但是,按照各国产品责任法,如果厂方能够提供ISO9000品质体系认证证书,便可免赔,否则,要败诉且要受到重罚。

(6) 有利于国际间的经济合作和技术交流。

按照国际间经济合作和技术交流的惯例,合作双方必须在产品(包括月品质,方面有共同的语言、统一的认识和共守的规范,方能进行合作与交流。ISO9000品质体系认证正好提供了这样的信任,有利于双方迅速达成协议。

五、全面质量的因素分析法

在生产过程中,造成产品质量缺陷的原因是多种多样的,它们的性质各异、层次混杂、主次交错、现象纷繁,使人们不易判明其中的主要因素。生产管理人员一般在工序质量管理中,常分层法、排列图法、因果分析图法、相关图法等一系列统计图表作为工具,作为方法,对质量问题加以观察、分析,找出症结所在,以便对症下药,达到稳定与提高产品质量的目的。

(一) 分层法

分层法,又称分类法,是把收集来的数据,依照使用目的和使用要求,按其性质、来源、影响因素等进行分层(类),把性质相同、在同一生产条件下得到的数据归并在一起,以分析影响质量原因的一种方法。

1. 分层法的标志

运用分层法时，要根据分层的目的，按照一定的标志，把性质相同、在同一生产条件下收集的数据进行分层、集中，使同一层中的数据波动幅度尽可能小，而层与层之间的差别应尽可能大，这是应用分层法的关键。一般按以下标志对数据进行分层。

（1）按操作者分层：不同工龄、年龄、性别、文化程度、技术等级或操作技术水平等。

（2）按机器设备分层：不同类别、型号、设备役龄或新旧程度、不同的生产线、不同的工艺装备等。

（3）按操作方法分层：不同工序或不同工作条件，不同操作规程、工艺参数等。

（4）按原材料分层：不同供应厂商，不同进货时间、批次、规格、成分等。

（5）按检验手段分层：不同检查人员、检查设备、仪器、检测方法等。

（6）按时间分层：不同季节、日期、班次等。

（7）按环境因素分层：不同地区、气候条件，不同的生产单位或顾客，不同的使用条件等。

（8）按质量缺陷分层：纺织品的疵点类型、断头率等。

2. 分层法的应用

【例】某纺织厂织布车间出现大量布面疵点现象，影响了产品的质量。为查明疵点原因，随机抽查了50台织机，结果发现有19台疵点率过高。仅有这一项数据，无法对产生的质量问题进行分析。经初步分析，认定产生疵点的原因有二。

（1）操作者的操作方法存在差异。

（2）外购织机在性能上存在差异。

为进一步查清原因，应用分层法分别按操作者和织机供应厂商分层进行统计分析。如表4-1所示。

表4-1　按操作者分层

操作者	不合格	合格	不合格率（%）
A	6	13	32
B	3	9	25
C	10	9	53
合计	19	31	38

表4-2　　按供应商分层

供应商	不合格	合格	不合格率（%）
甲	9	14	39
乙	19	17	37
合计	19	31	38

经分层统计后发现，操作者B的不合格率最低，乙供应商的不合格率较低。

依据这一统计结果，似乎可以得出选用乙厂商的织机，采用B操作者的操作方法，就可以达到降低不合格率的效果，但实践结果却否定了这一对策。这是因为，运用分层法进行数据分层时，往往可依据不同的标志而别得出某一方面的结论。

当不同分层的数据间存在着有机联系，即分层因素间存在相互作用（如本例，供应厂商、操作者与操作方法间即存在相互作用）时，孤立地、仅就某一分层进行分层分析，就得出相应的结论有时可能会出现"误导"现象，要克服这种现象，可将不同分层因素进行综合分析，力求找出影响产品质量主要原因或主要因素。本例中的厂商在采取了上述措施以后发现，不合格率不但没有降低，反而提高了，说明上述分层分析的结论本身出现了问题。经过深入分析后发现，问题出在没有考虑到操作法和供应厂商这两种差异间的相互作用，而是孤立地分别进行了分析。正确的分层方法是，对不同的操作者以及使用不同供应商织机的质量状况进行综合分析。

表4-3　　综合分层

供应商	甲			乙		
操作者	不合格	合格	不合格率（%）	不合格	合格	不合格率（%）
A	6	2	75	0	11	0
B	0	5	0	3	4	43
C	3	7	30	7	2	78
合计	9	14	39	10	17	37

从表4-3的统计数据可以看出，采用甲商的织机，采用B操作者的操作方法，采用乙商的织机，应采用A操作者的操作方法。经综合分层后，由于采用了正确的改进措施，结果不合格率大幅度的降低。

（二）排列图法

排列图又叫"巴雷特图（V. Pareto）曲线"或"主次因素分析图"，它是定量找出影响产品质量的主要因素的一种简便有效的方法,因1897年意大利经济学家巴雷特在分析社会财富的分布状况时,发现了所谓"关键的少数和次要的多数"的关系而得名。1951—1956年美国的质量管理学家朱兰把它的原理应用于质量管理,作为改善质量活动中寻找主要因素的一种工具。它由两个纵坐标、一个横坐标、多个直方形和一条曲线(折线)构成。左边纵轴表示频数,如件数;右边纵轴表示累计频率;横轴表示影响产品质量的各项因素,并按其影响大小,从左到右依次排列;直方形高度表示因素影响大小;曲线(折线)表示各项累计频率的连线。

通常按照累计百分数把影响质量的因素分为三类:累计频率在0%—80%的划为A类,这是为数极少(往往只占5%—10%项目)主要因素;累计频率在80%—90%的划为B类,为次要因素;累计频率在90%—100%的划为C类,为一般因素。抓住了主要因素就可以集中力量加以解决,从而达到控制和提高产品质量的目的。

排列图的绘制步骤如下。

(1) 收集一定期间的数据,例如不合格品的统计数字。

(2) 把以上数据根据原因、部位、工序、人员等情况分清层次,计算各类项目重复出现的次数(即频数)及频率。

(3) 以一定的比例绘图,左方纵坐标为频数,右方纵坐标为累计频率。

(4) 按频率的大小,依次将各项用直方形表示出来,成为几个由左向右下降排列起来的图形,即排列图。

(5) 将直方形端点的累计数(将各项频率依次累加起来),用一条折线连起来形成一条由左向右上升的曲线,即巴雷特曲线。

【例】某纺织厂对某产品染色质量出现不合格的现象进行了分析,共查出250个质量问题,产生这些问题的原因大致可以分五种,根据相关资料画出它的排列图,如下图所示。从中可以看出,造成产品不合格的主要因素是工艺和操作两个问题,解决了这两个问题,就可以少出不合格品164件,降低不合格品率65.6%。

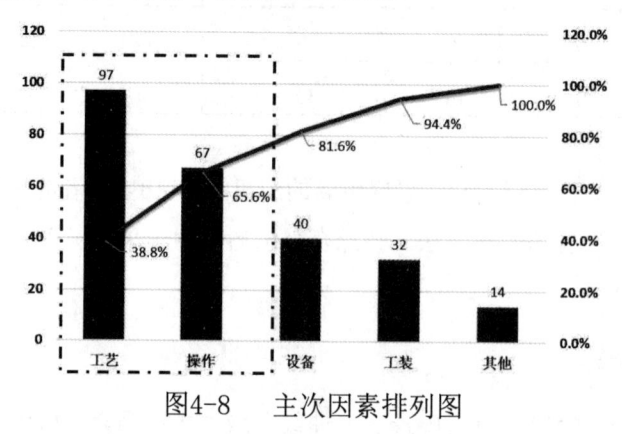

图4-8 主次因素排列图

（三）因果分析图法

因果分析图又称"特性要因图""树枝图"和"鱼刺图"，在质量管理中主要用于整理和分析产生质量问题的因素及各因素与质量问题之间的因果关系。因果分析图由质量问题和影响因素两部分组成，图中主干箭头指向质量问题，主干枝上的大枝表示影响因素的大分类，一般为操作者、设备、物料、方法、环境等因素，中枝、小枝、细枝等表示诸因素的依次展开，构成系统展开图。

【例】某纺织厂为降低细纱断头率，经分析影响细纱断头的主要原因是粗纱因素、机械因素、钢丝圈因素、环境因素、操作因素和其他因素六项。每个大的影响因素下面又有诸多小的影响因素。如影响粗纱质量问题的因素有绒板花、飞花、杂物、不孕、破籽、出硬头等，而造成飞花影响的原因又可能是清洁不及时；影响机械问题的因素有歪锭子、芯子翻身、钢领起伏、钢领不良、导纱勾松动等；影响钢丝圈的原因有嵌飞花、飞离、损坏、偏重、偏轻等因素；影响环境的因素有温度、湿度、照明等；影响操作的因素有误操作；其他影响因素包含纱线成分不合理、纱线捻度不合理等。在实际生产中可针对上述问题采取相对措施解决。具体见图4-9。

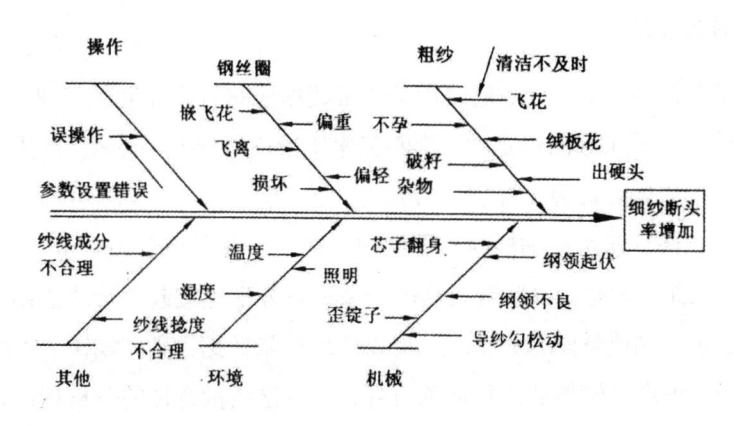

图4-9　某纺织厂细纱断头率因果分析图

因果分析图法，是从产生的质量问题出发，由大类因素找起，一直展开到中因素、小因素直至找到最终原因。然后针对根本原因，制定和采取有效的对策。显然因果分析图法是一种系统分析方法。

（四）调查表法

调查表法又称"统计表法"或"检查表法"。它是利用一定格式的图表形式，进行初步的质量数据整理和对原因作粗略分析的方法。调查表是一种为了便于收集和整理数据而设计成的空白表格，在检查产品时只要在相应的栏目或部位填上数据或记号即可。表格的样式可以根据产品和工序的具体要求来灵活设计和确定，常用的有缺陷位置统计表、不良项目分类统计表和不良原因统计表。

1. 缺陷位置统计表

工业生产中,当调查产品各个不同部位的缺陷情况时,可将该产品的草图或展开图画在调查统计表上,每当某种缺陷发生时可采用不同的符号或颜色在发生缺陷的部位上标出,例如单纱强力不足、表面疵点等在纺织产品检验中常常作为重要项目。

2. 不良项目分类统计表

一道工序或产品不能满足标准要求的质量项目称为不良项目,又称不合格项目或缺陷项目,如断头率过高、染色不匀。为了减少生产中出现的各种不良项目,需要采用不良项目统计表,调查不良项目发生的种类,以及它们的比率大小。

3. 不良原因统计

要分清各种不良项目的发生原因,可按设备、操作者、时间等标志进行分类调查,填写不良原因调查统计表。

(五)直方图法

直方图又称质量分布图,是反映产品质量数据分布状态和波动规律的统计图表。直方图的主要用途是判断工序的稳定性、推断工序质量规格标准(公差)的满足程度、分析不同因素对质量的影响、计算工序能力等。

直方图的作图方法是将抽样检查得到的一批(一般不小于100个)质量数据按大小分成若干组,以组距为底边,以频数为高的一系列直方形连接起来形成的图形。直方图能形象、直观地表示产品质量的分布情况;用以整理质量数据,找出规律;通过对它的观察来分析、判断和预测产品质量和工作质的好坏,并根据质量特性的分析情况,进行适当地调整,解决其存在的问题。

利用直方图进行质量分析,一般分两步:绘制直方图和观察分析直方图。绘制直方图首先要编制频数分布表,具体工作包括找出该批数据的最大值和最小值,将数据按大小顺序分组,计算出组距、各组组界、各组的组中值,统计各组的数据个数,举例说明。

(1)收集数据。某机织企业生产一种高支高密府绸,要求其断头率控制在(3.5 ± 0.5)根/(台*h)内,在日常的质量数据检测中,得到一组布机断头率的数据如下【单位:根/(台*h)】:

3.0 3.1 3.7 3.5 3.6 3.3 3.7 3.6 3.4 3.2 3.3 3.5 3.1 3.0 3.4 3.6
3.6 3.5 3.6 3.6 3.0 3.1 3.7 3.5 3.4 3.3 3.7 3.6 3.4 3.2 3.6 3.5
3.1 3.0 3.7 3.6 3.6 3.5 3.6 3.5 3.5 3.6 3.3 3.6 3.4 3.2 3.3 3.5

请用直方图分析其质量是否正常,并画出直方图分布范围与公差的比较。

(2) 计算平均数。$\overline{X}=\sum X_i/n=$（3.0+3.1+3.7+3.6……）/48≈3.41

(3) 计算极差。$R=X_{max}-X_{min}=3.7-3.0=0.7$

(4) 确定分组组数和组距。K取8，则组距$h=R/(k-1)=0.7/(8-1)=0.1$

(5) 决定分组点。分组点的精度一般应比实验数据的精度多取一位小数，以防止有数据刚好落在分组边界上。

第一个分组点＝ $X_{min}-h/2=3.0-0.1/2=2.95$

第二个分组点＝第一个分组点＋组距＝2.95＋0.1＝3.05

第三个分组点＝第二个分组点＋组距＝3.05＋0.1＝3.15

……

(6) 作频数分布表（表4-4）。

表4-4 频数分布表

分组	频数计算	频数
2.95—3.05	/ / / /	4
3.05—3.15	/ / / /	4
3.15—3.25	/ / / /	4
3.25—3.35	/ / / / /	5
3.35—3.45	/ / / / /	5
3.45—3.55	/ / / / / / / / /	9
3.55—3.65	/ / / / / / / / / / / /	12
3.65—3.75	/ / / / /	5

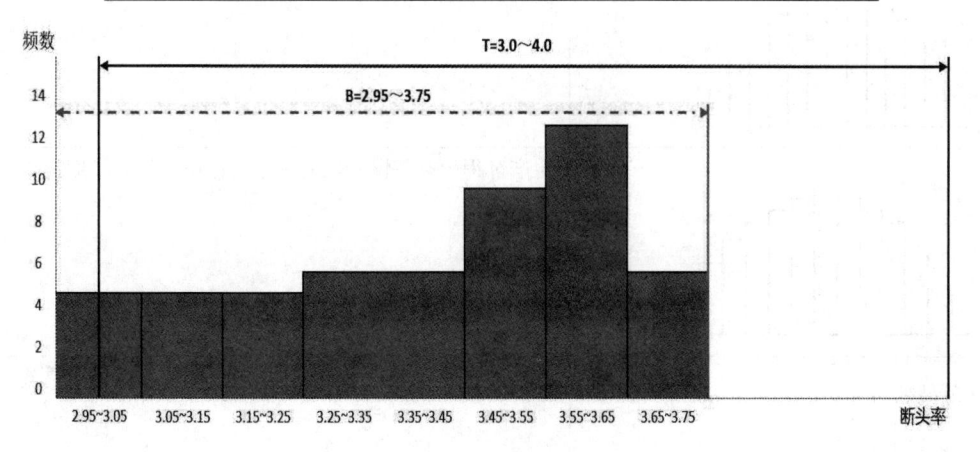

图4-10 布机断头率直方图

观察直方图的方法是对图形的分布状态进行观察，看其整体形状是否大体成正态分布状况，一般呈大体对称型即为正态分布，为正常型。正常直方图的三个条件如下。

(1) 图形分布要中间高、两边低、左右对称。

(2) 中心重合。

(3) 图形分布与标准上、下限之间有一定的余量。

非正常直方图：凡不具备正常直方图的三个条件之一者即为非正常直方图。非正常直方图的出现说明产品质量或生产过程已经处于非控制状态。常见的直方图类型如表4-5的分析。

表4-5　直方图形状分析

类　型	分　析
A 正常型	以中间为峰，向左右对称分布，符合正态分布状态。
B 偏态型	偏态分布状态，不正常，应予改进。如：不良的操作习惯可能会引起测定值偏态。
C 双峰型	测定来自不同设备，操作者或企业应予调整。
D 锯齿型	作图过程有差错或测定过程有差错，应查明原因，重新作图分析。
E 平顶型	生产过程中有缓慢变化的因素起作用，如刀具磨损等。
F 孤岛型	测定错误或生产过程有异常，应查明原因，采取措施。

在观察分析直方图的整体形状的同时，还要将直方图与质量标准（规格公差）对比，借以判断工序对标准的适应能力和改善余地。图4-11表明正常分布的直方图与标准公差对

比的六种情况。

(a) $\mu = \overline{x}$ (b) $\mu = \overline{x}$ (c) $\mu = \overline{x}$

(d) $\mu \neq \overline{x}$ (e) $\mu = \overline{x}$ (f) $\mu = \overline{x}$

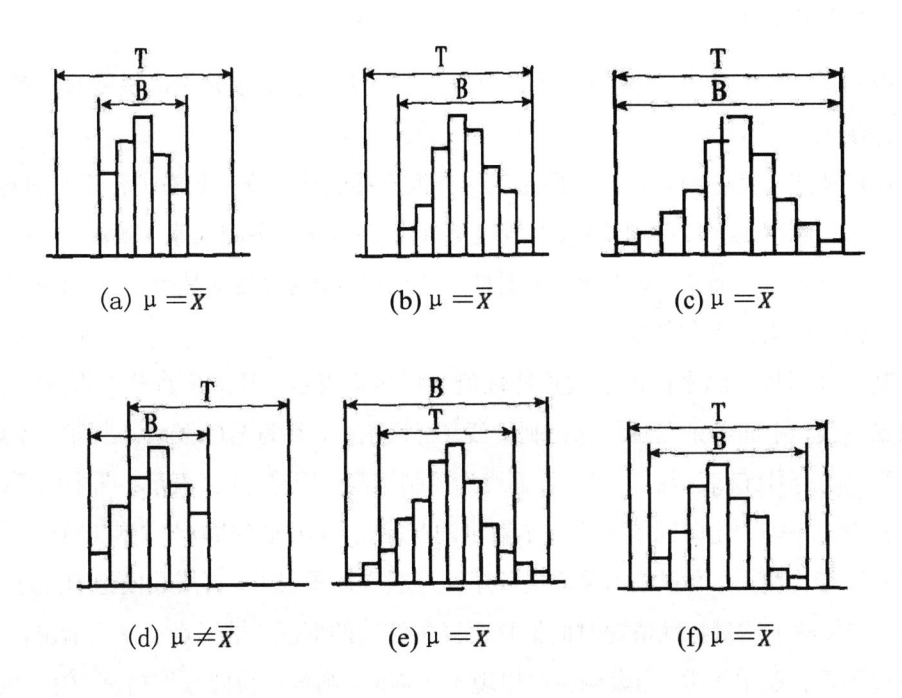

图4-11　直方图分布范围与公差比较

图中B是质量特性（如尺寸）的实际分布范围，T是质量标准（如规格公差）的范围。

图（a）中，B在T中间，平均值又正好与公差中心重合，两侧有一定余地，表明工序质量稳定，不会出废品。

图（b）中B虽在T内，但过于偏向一侧，有超下公差的危险，如加工条件稍有变动，就会出现不合格品。应注意调整，消除系统性因素。

图（c）中B与T重合，表示工序能力毫无余地，存在两侧超差的危险。应谨慎操作，及时调整工艺，消除系统性因素。

图（d）中B的中心与T的中心偏离太大，表示实际尺寸分布过于偏离公差中心，已经单边超差，出现不合格品。应调整加工工艺，使实际分布中心移到中间，避免不合格品再度出现。

图（e）中B与T的中心重合，但两侧余地太大。表明工序稳定，但工序能力过于宽裕，经济性差。应放宽工艺要求，降低工序成本或缩小公差范围，提高加工精度。

图（f）中B大于T，虽然两中心重合，但两侧超差。表明工序能力太小，加工精度过低，尺寸的实际分布范围过大，超过了公差范围，必然出现不合格品。此时应提高工序能力，提高加工精度或放宽公差，使工序质量符合标准要求。

上述直方图的两种观察分析和对比都属定性分析，为了定量地判明工序加工质量对规格公差的满足程度，在应用中还要计算工序能力指数，考察工作能力。

（六）控制图法

控制图又称管理图，是用于分析、判断工序是否处于稳定状态所使用的带有控制界限的统计图表。

如前所述，直方图只是对已经完工的一批产品的整体分布状态进行静态的观察分析，未能动态地考察工序质量的变化。实际上影响工序质量的各类因素（5MIE等）在整个工艺过程中总是随时间而变的，所以工序质量也随之波动。这种波动是否正常，工序是否稳定，要通过控制图来分析、判断。

其基本形式，纵坐标表示质量特性值，横坐标表示取样时间或样本顺序号；图4-12中的三条线，中间一条点画线为控制中线（标准值），用符号CL表示；上部一条虚线为控制上限，用符号UCL表示；下部一条虚线为控制下限，用符号LCL表示；图中的折线是在生产过程中，每隔一定时间或生产一定数量的产品，从中随机抽取一个或几个产品为样本，对样本进行检测，将检测数据整理按顺序编号圈点在图表上，再用线段把圈点连接起来而得到。它反映了质量特性值随时间推移而发生波动的情况。根据点子排列情况，可以判定生产过程是否稳定正常。当表明生产出现不正常时，则可以及时采取措施，使之恢复正常，从而使工序处于正常的受控状态。

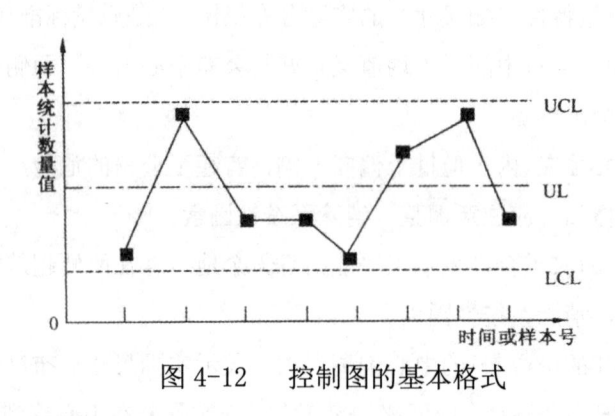

图 4-12　控制图的基本格式

根据"千分之三法则"，控制图原则上取±3σ作为上、下控制界限。在有限次数的取样检查中，如果发现有某些数据超过这个控制范围，就判定工序存在异常性因素。

控制图中上、下控制界限之间为安全区，控制界限与公差限之间为警戒区，超出公差限的为废品区。在实际工作中，往往不画出公差界限，以避免混淆。

绘制分析控制图的重要意义，在于控制工序方面的应用。生产管理者应充分利用控制图所提供的质量情报，判断工艺过程的稳定性。一旦发现失控，立即查明原因，采取组织技术措施，消除异常性因素，预防不合格品的发生，进而改进工艺管理，提高产品质量和管理水平。控制图多用于重要的关键工序或管理点工序，一般常与直方图及工序能力指数的测算结合运用。

【实施任务】

浆纱回潮率是浆纱的一个重要质量指标，其好坏影响织造的断头率，某企业一品种最近布机断头增加，要分析浆纱回潮率对断头的影响。经测试获得某号纱线浆轴回潮率（%）的数据如下：

6.6　6.4　6.5　6.6　6.4　6.4　6.4　6.5　6.5　6.3
6.2　6.4　6.5　6.5　6.5　6.5　6.4　6.4　6.3　6.4
6.4　6.4　6.3　6.1　6.4　6.7　6.4　6.4　6.3　6.1
6.2　6.4　6.6　6.3　6.3　6.4　6.5　6.4　6.5　6.4
6.5　6.5　6.4　6.3　6.2　6.3　6.3　6.4　6.4　6.4

请用直方图分析其质量是否正常，并画出直方图分布范围与公差的比较。

【知识点检测】

1. 全面质量管理工作循环的基本内容以及它的阶段、步骤？
2. ISO9000系列标准的主要内容是什么？
3. 直方图的基本原理是什么？如何利用直方图来识别生产过程的质量状态？

任务4 物资管理

【任务导入】

戴尔公司刚成立4年多的时候，顺利地从资本市场筹集了资金，首期募集资金3000万美元。对于靠1000美元起家的公司来说，这笔钱的筹集使戴尔的管理者开始认为自己无所不能。大量投资存储器，一夜之间形势逆转，导致重大存货风险。"我们并不了解，自己只知道追求成长，对其他的事一无所知，"迈克尔说，"成长的机会似乎是无限的，我们也习惯于不断追求成长""我们并不知道，每一个新的成长机会，都伴随着不同程度的风险。"

请问为什么库存过量对一个公司来说有风险？

【任务分析】

要完成本次任务，必须明确以下问题。

1. 物资管理的任务是什么？
2. 如何确定物资的需要量？

【知识点讲解】

纺织企业物资管理是对企业在生产过程中所需要的生产资料,通常包括原料及主要材料、辅助材料、燃料、动力、工具、包装物、低值易耗品、备件等，进行有计划的采购、验收、保管、发放、合理使用等一系列组织管理工作的总和。其基本任务是科学地进行物资分类，制定物资储备定额和物资消耗定额，按质、按量、按时间，成套地供应企业所需要的各种物资，采用科学的管理方法，合理、节约使用物资，建立健全物资管理的各项规章制度，加速物资周转，降低物资费用支出，改善物资利用的经济效果，同时也要防止雨淋、霉烂、变质、偷盗等。总之，加强纺织企业物资管理对降低产品成本和提高经济效益以及促进整个纺织企业生产经营活动具有十分重要的意义。

一、物资消耗定额

（一）物资消耗定额的概念

物资消耗定额是指，在一定生产技术组织条件下，生产单位产品或完成单位工作量所必须消耗的物资数量的标准。如生产一吨棉纱需要消耗多少公斤原棉，织百米布需要消耗多少公斤原纱等。

（二）物资消耗定额的作用

先进合理的物资消耗定额对纺织企业物资管理工作具有重要作用，具体表现如下。

（1）是确定物资需要量、编制物资供应计划的基础。

（2）是物资供应部门核算生产用料、组织限额发料的依据。

（3）是合理使用和节约使用物资，核算产品成本的重要手段。

（4）是促进企业技术水平、生产组织水平、工人生产技能提高的重要条件。

（5）是考核职工工作质量的主要依据。

（三）物资消耗定额的构成

以主要原材料为例，物资消耗的构成，一般包括三部分。

（1）有效消耗。它是指构成产品实体或半成品净重部分的消耗。

（2）工艺性消耗。它是指在产品或半成品的加工过程中，为改变其形状、尺寸和性能而必然产生的损耗。如落棉、回花、下脚料等。

（3）非工艺性损耗。它是指由于运输、保管、管理等工作的不善而造成的损耗。如废品、丢失、变质等。

（四）物资消耗定额的计算法

1. 技术计算法

技术计算法是指根据产品设计图纸和工艺文件，在工艺计算的基础上，充分考虑先进技术和先进经验制定定额的方法。这种方法比较科学、准确，但工作量大，技术性较强。适用于制定企业主要原材料的消耗定额。

2. 统计分析法

统计分析法是指根据以往生产中物资消耗的统计资料，并考虑计划期内生产技术组织条件等各方面的变化因素，通过分析和比较，再吸取先进技术和经验制定定额的方法。该方法比较简单，但需要有详细可靠的统计资料。

3. 经验估计法

经验估计法是根据技术人员和生产工人的实际经验，并参考有关的技术文件和产品实物，以及生产技术组织条件等因素来制定定额的方法。该方法简单易行，工作量小，但科学性、准确性较差。一般在缺少技术资料和统计资料的情况下才采用。

4. 实际测定法

实际测定法是指在生产现场或实验室条件下，运用称量和测算等方式对物资的实际消耗量进行测定、分析，修正确定定额的一种方法。它适用于测定新产品的定额，也适用于制定许多辅助材料的消耗定额。

上述几种方法各有优缺点，在实际工作中应根据企业的具体情况和管理水平，把几种方法结合起来运用。

（五）主要原材料消耗定额的确定

主要原材料的工艺消耗定额是由有效消耗和工艺性消耗两部分构成，而非工艺性消耗应计入物资供应定额之内。

单位产品原材料工艺消耗定额＝单位产品的净重＋各种工艺损耗量的总和

物资供应定额是在工艺消耗定额的基础上，按一定百分比估算非工艺性损耗的数量。

物资供应定额＝工艺消耗定额×(1＋材料供应系数)

$$材料供应系数 = \frac{单位产品非艺性损耗数量}{单位产品工艺消耗定额}$$

原棉是棉纺织企业生产的主要原料，它占产品成本的80％以上，合理制定原材料消耗定额意义重大。用棉量定额的制定，一般是按配棉成分制订各纱支的用棉量定额，包括各工序的制成率、回花率、落棉率、盈亏率等。

织物用纱定额，主要根据织物的组织规格和织布各工序的工艺参数确定。包括：总经根数、纬纱密度、幅宽、缩率、伸长率、加放损失率、自然缩率、回丝率等。

（六）辅助材料消耗定额的确定

辅助材料品种多，一般采用间接方法确定其消耗定额，仅举几例如下。

（1）按产品产量计算。对与产品实物数量有关的辅助材料，如浆料、染化料、燃料、包装箱、塑料袋等，可按此法确定。

（2）按设备开台台时计算。对与设备开台台时有关的辅助材料，如润滑油、冷却液等，可用此法确定。

（3）按工人人数计算。如大部分劳动工具和劳保用品是按此确定的。

（七）动力消耗定额的确定

动力消耗定额应根据用途和特点分别加以确定。如纺织机械设备的用电是按历年的实际用电量计算，单位kwh/吨纱或kwh/万米，称为"吨纱耗电量""万米布耗电量"。

（八）工具消耗定额的确定

工具消耗定额，可根据工具的使用时间和耐用期来计算。

二、物资储备定额

(一) 概念

物资储备定额是指企业在一定的生产技术条件下,为确保生产的正常进行所必须执行的最经济合理的物资储备数量标准。

主要作用如下。

(1) 编制物资供应计划和采购计划的依据。

(2) 掌握和监督企业物资库存状态,使库存经常保持合理水平的依据。

(3) 核定企业储备资金的依据。

(4) 确定仓库面积、容积和保管人员数量的依据。

(二) 物资储备定额的构成

物资储备定额通常由经常储备定额和保险储备定额两部分构成,某些企业需要制定季节性储备。

1. 经常储备定额

经常储备定额是为保证日常供应而建立的储备,这种储备因生产对物资的不断耗用和进货对物资的不断补充而不断变化,因而又叫"周转储备"。它的制定方法有两种,即以期定量法和经济订购批量法。

(1) 以期定量法(又称"供应间隔期法")。首先确定物资供应的间隔期,然后据以确定物资的经常储备量。计算公式如下:

经常储备定额=(平均供应间隔天数+验收入库天数+使用前准备天数)×平均每日需用量

公式中,物资平均供应间隔天数是指前后两批物资进厂入库的平均供应间隔天数,验收入库天数是指物资进厂后,搬运、验收、入库所需的时间,使用前准备天数是指物资在投入使用前,进行化验、整理或加工所需的时间,平均每日需用量等于年度的物资计划需用量除以全年日历天数。

(2) 经济订购批量法。它是通过确定一个物资订购费用与存储费用最省的数量作为经济订购批量。公式如下:

$$经济订购批量 = \sqrt{\frac{2 \times 每次订购费用 \times 年需用量}{单位物资年保管费用}}$$

订货批量:是指消耗一次订货费用一次采购某种产品的数量。

经济订货批量:就是按照库存总费用最小的原则确定出的订货批量,这种确定订货批量的方法就称为经济订货批量法。

基本经济订货批量：是库存管理中最简单、但却是最重要的一个内容，它揭示了许多库存决策方面的本质。

基本经济订货批量的前提是需求是已知的常数，即需求是均匀的；不允许发生缺货；订货提前期是已知的，且为常数；交货提前期为零，即瞬时交货；产品成本不随批量而变化（没有数量折扣）。

定量订货：每次订购的数量是一定的，一般订一个经济批量，但订购的时间不一定。

订货点＝平均每日需要量×平均订货周期＋保险储备量

$$TC=DP+DC/Q+QK/2+SH$$

其中：

D：每年需求量；

P：单位材料价格；

Q：单次订货量；

C：单次订货费用；

K：每件存货的年保管费用，即K=P*i为每件产品库存费用率；

S：全年缺货件数；

H：每缺一件货的损失；

TC：年库存总成本。

如果没有价格折扣，也没有缺货，购买成本DP和缺货SH与订货批量大小无关，库存成本就可以简化为：

一次微分求导为零，得出总成本最低的批量，即为经济批量。

$$Q_E=\sqrt{\frac{2DC}{K}}=\sqrt{\frac{2DC}{Pi}}$$

【例】设某工厂生产某种零件，每年需求量为18000个，该厂每月可生产3000个，每次生产的装配费为300元，每个零件每月的存储费为0.15元，求每次生产的最佳批量、经济生产次数和经济生产周期。

解：$Q_E=\sqrt{\frac{2DC}{K}}=\sqrt{\frac{2\times18000\times300}{0.15\times12}}=2449$ 个

经济生产次数：$M_E=\sqrt{\frac{2\times18000\times300}{0.15\times12}}=\frac{D}{QE}=\frac{18000}{2449}\approx7$ 次

经济生产周期：$M_E=\frac{365}{ME}=\frac{365}{7}=52$ 天

2.保险储备定额

保险储备定额是考虑到各种不可预测因素的发生,为保证生产的日常进行而须保持的必备的物资储备量。保险储备作为一种缓冲和应急手段,对调节生产和衔接供应之间的关系起着重要的保证作用。只有当经常储备供不应求时,才动用保险储备。

保险储备定额＝保险储备天数×平均日需要量

其中,保险储备天数根据历史统计天数来确定。

(三)经常储备和保险储备的关系

如图4-13所示。

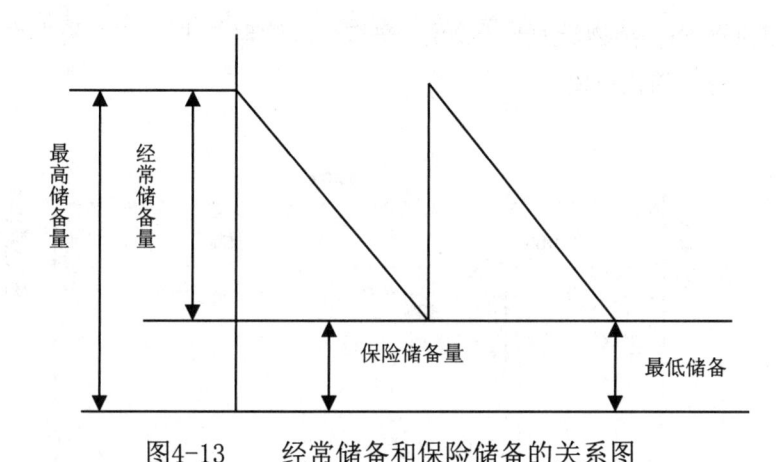

图4-13　经常储备和保险储备的关系图

三、物资供应的管理

物资供应计划是企业在计划期内为保证生产任务的完成,确定各种物资需要量而编制的计划。

(一)物资供应计划的主要内容

1.确定各种物资的需要量

某种物资需要量＝工作任务量×物资消耗定额×(1+物资供应系数)

2.确定物资采购量

物资采购量＝物资需要量+计划期末储备量－计划期初库存量

3.编制物资平衡表

它是为了对各种物资的需要量及资源进行综合平衡后而编制的。

（二）ABC分类管理法

ABC分类管理法又叫"重点物资管理法"，是现代企业物资管理中广泛采用的一种管理方法。首先将企业各种物资按其价值高低依次排列，再以每个品种的库存资金占总库存资金的累计百分比为基础，将排好顺序的物资分为A, B, C三类。将品种数量少（约占全部需用物资品种的10%）、价值高、占用资金多（约占资金总额的80%）的物资，划为A类；将品种数量较少（约占30%），价值中等的物资（金额约占15%）划为B类；将品种数量繁多（约占60%）而价值又较低（约占5%）的物资划为C类。

对A、B、C三类物资应分别采用不同的管理（控制）方法：A类物资品种最少而占用资金最大，对物资储备必须严加控制，尽量缩短采购周期，增加采购次数，以利于加速资金周转，应重点管理；B类物资为一般物资，采取一般管理方法；C类物资为次要物资，可适当增加一些库存，简化管理。

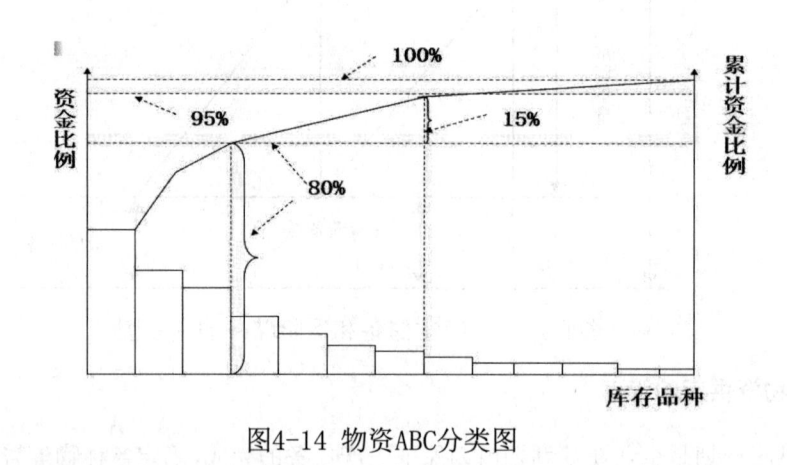

图4-14 物资ABC分类图

（三）物资的储存与管理

物资的存储管理是物资管理的重要环节，做好存储管理工作，对于保证及时供应生产需要，加速库存周转，节约物资消耗，降低成本都有重要意义。其内容主要包括验收入库、保管维护、出库管理等。

1. 验收入库

（1）物资接收。

（2）核对凭证。

（3）验收（数量验收和质量验收）。

（4）验收中问题的处理。

（5）办理物资入库手续。

2. 保管维护

（1）摆放科学、数量准确。仓库标识清楚，并放置在指定区域。

（2）保证质量。确保先进先出原则，明示储存期限，避免产品过期。

（3）消灭差错，保证安全。仓库应保持通风、地面干净、料架清洁。

（4）配备消防器材，通道畅通。下班时关闭电源、锁好门窗，库房内严禁烟火，易燃易爆物单独隔离存放等。

3. 出库管理

它是根据出库凭证，将所需物资发放给需用单位所进行的各项业务管理工作。

（1）物资出库前准备。包括货场货位、机械搬运设备、工具和作业人员的计划准备工作。

（2）核对出库凭证。

（3）备料出库。按出库凭证准备出库物资，并做好出库物资的包装和涂写标志工作。

（4）全面复核查对。货物备好后，在出库前，再做一次全面的复核查对，主要包括物资品名、规格是否相符；物资数量是否准确无误；出库物资应附的技术证件和各种凭证是否齐全；包装质量如何等。

（5）交接清点。备料出库物资，经过双方清点核对无误后，即可办理清点交接手续。

【实施任务】

某厂预计某产品的年用量为10000件，每次订货量为500元，每件成本价格为250元，成品库存保管费用率为10%。假定每日的用量是固定的，求经济订货批量、经济订货次数和经济订货周期。

【知识点检测】

1. 何为库存ABC管理？
2. 简述经济订货批量模型的假设条件。

任务5 现场管理

【任务导入】

某纺织厂废弃物处理时在仓库中发现存放十年的棉纱，同时车间里飞花、飞絮较多，导致异纤较多，断头增加，布面毛糙不平等现象。

请问产生上述问题的原因是什么？上述现象可否有效避免？

【任务分析】

要完成本次任务，必须明确几个问题。

1. 什么是现场管理？
2. 现场管理有什么基本要求？

【知识点讲解】

纺织生产现场是从事纺织品生产的场所，包括生产车间和各辅助部门的作业场所，如库房、实验室等。生产现场是信息产生的场所，也是问题产生的场所。

一、生产现场管理

（一）生产现场管理的概念和任务

1. 现场管理的概念

运用科学的管理原理、管理方法和管理手段，对生产现场的各种生产要素进行合理配置与优化的组合，以保证生产系统目标的顺利实现。

2. 现场管理的任务

合理组织各生产要素，如人、机、料、法、环和信息，实现最优化组合，并经常保持良好的运行状态。

（二）生产现场管理的基本内容

1. 生产现场管理的基本内容

（1）工序管理：品种、质量、数量、日程、成本的控制。

（2）物流管理：对企业内部生产加工这一阶段物流进行管理。

（3）环境管理：对现场空间的管理，创造安全、文明、有序、美好、舒适的环境。一般指安全生产、文明生产和定置管理。

2. 生产现场管理的基本要求

（1）物流有序。

（2）生产均衡。

（3）设备良好。

（4）信息准确。

（5）纪律严明。

（6）环境整洁。

生产现场管理的方法主要有定置管理、5S 活动和目视管理。

二、定置管理

（一）定置管理的概念

是对生产现场中的人、物、场所三者之间的关系进行科学的分析研究，使之达到最佳结合状态的一种科学管理方法。

（二）定置管理的原则

1. 定置管理的原则

（1）定置必有图。

（2）有图必有物。

（3）有物必有区。

（4）有区必挂牌。

（5）有牌必挂牌一致。

（6）账（图）物。

2、定置管理的实施程序

（1）准备阶段。
（2）设计阶段。
①现场调查，分析问题，制定工作计划
②制定定置标准
③绘制定置图
（3）实施阶段。
（4）巩固提高阶段。

三、"7S" 管理

（一）"5S" 管理的概念

"5S" 管理是指对生产现场各生产要素（主要是物的要素）所处的状态不断地进行

整理、整顿、清扫、清洁、提高素养的活动。

"5S"是发源于日本,流行于世界的一种现场管理手法,因其五个词语(整理、整顿、清扫、清洁、素养)中每个词日语发音的第一个字母都是S,所以叫"5S",有的地方叫"5常法",后来又补充了"安全"和"节约"这两条,从而形成了"7S"。但后来管理学术界再将其延伸到"10S","10S"是加上了习惯化、服务、坚持;本教材暂时研究其中的7个"S"。

表4-6 "5S"与"7S"的内容表

S数	日语发音	英文	中文
1S	SEIRI	Organization	整理
2S	SEZTON	Neatness	整顿
3S	SEISO	Cleaning	清扫
4S	SEIKETSU	Standardization	清洁
5S	SHITSUK	Disciplines	素养
6S	/	Safe	安全
7S	/	Saving	节约

现场"7S"的含义如下。

(1)整理:把必要的和不必要的区分开,把不必要的去除掉。

(2)整顿:把必要的放在指定位置,实行标准化。

(3)清扫:清除生产现场的脏乱现象,及时发现问题。

(4)清洁:保持整理、整顿、清扫的清爽状态,无脏乱。

(5)素养:自觉遵守规定事项,养成良好习惯。

(6)安全:机器、设施稳定可靠,按规定操作。

(7)节约:优化、合理配置各种资源,杜绝铺张浪费。

(二)推行7S活动的目的和作用

1. 推行7S活动的目的

(1)提高工作和生产效率。
(2)改善产品的品质。
(3)保障企业安全生产。
(4)减低生产成本。
(5)缩短生产周期。
(6)改善了员工的面貌。

2. 7S活动的作用

"八个零"——亏损为零、不良为零、浪费为零、故障为零、切换产品时间为零、事故为零、投诉为零、缺勤为零。

(三) 7S管理的内容

1. 整理

明确区分完成工作必要与不必要物品，首先，把要与不要的事、物分开，再将不需要的事、物处理掉。这些不需要的物品包括垃圾、料头、废品、多余的工具、报废的设备等。最后，将必需的数量降到最低程度，把有用的物品按一定顺序摆放好。

（1）整理的原则有三个。

①环境必须没有垃圾
②不应有不属于现场所使用的物品
③将不要的物品清除后，留下的物品一定要编制成册

（2）整理的作用有五条。

① 可以使现场无杂物，道路通畅，改善、增大了作业面积，提高工作效率；
②减少碰撞，保证生产安全，提高产品质量；
③消除混料差错；
④有利于减少库存，节约资金；
⑤使心情舒畅，提高工作情绪。

（3）整理的步骤有五个。

①现场检查；
②区分必需品和非必需品；
③清理非必需品；
④非必需品的处理；
⑤每天循环整理。

2. 整顿

把有用的物品加以定量、定位，按照其使用频率和目视化准则，科学、合理地布置，摆放整齐，以便快速取用。整顿的关键是定位、定量和有效标识。

（1）整顿的原则有三点。

①固定地点，一般不要经常变动

②使用频率高的靠近操作者，使用频率低的远离操作者，摆放合理

③目视化、色彩标记化，即摆放得使操作者容易寻找，一目了然

（2）整顿的作用有四点。

① 提高工作效率。

②将寻找时间减少为零。

③异常情况能马上发现。

④不同的人去做，结果是一样的。

（3）整顿的步骤有四步。

①分析现状；

②物品分类；

③决定存储方法（定置管理）；

④实施。

3. 清扫

把工作场所周围打扫得干干净净。清扫灰尘、铁削、垃圾，擦去油污，创造明快舒畅的环境。

（1）清扫的原则有三点。

①自己扫，不依赖清洁工

②把设备的点检、保养、润滑结合起来；

③边清扫，边改善设备状况。

（2）清扫的作用有三个。

①保持良好的工作情绪

②稳定品质；

③达到零故障、零损耗。

（3）清扫的步骤有七步。

①设备基本常识教育

②从工作岗位扫除一切垃圾、灰尘；

③清扫点检设备；

④整修在清扫中发现有问题的地方；

⑤查明污垢的发生源（跑、滴、冒、漏），从根本上解决问题；
⑥实施区域责任制；
⑦制订相关清扫基准。

4. 清洁

对整理、整顿、清扫之后的工作成果进行认真维护，随时检查，使现场保持完美和最佳状态并且标准化，制度化。

（1）清洁的原则有三点。

①一旦开始实施就不能半途而废
②必须"一就是一，二就是二"；
③在贯彻整理、整顿、清扫的基础上，力图进一步提高。

（2）清洁的作用有三点。

①成为惯例和制度；
②是标准化的基础；
③企业文化开始形成。

（3）清洁的步骤将整理、整顿、清扫的步骤连起来。

5. 素养

对于规定的事情，大家都按要求去执行，并养成一种习惯。素养强调的是持续保持良好的习惯。

（1）素养的作用有三点。

①让员工遵守规章制度；
②培养良好素质习惯的人才；
③铸造团队精神。

（2）素养的步骤有四步。

①持续推进 4S 直至习惯化；
②制订相关的规章制度；
③教育培训；
④激发员工的热情和责任感。

6. 安全

就是要维护人身与财产不受侵害，以创造一个零故障，无意外事故发生，稳定可控的生产/技术/设备/技能的工作场所。

（1）安全的原则有三点。

①不要因小失大，应建立、健全各项安全管理制度；

②对操作人员的操作技能进行训练；

③勿以善小而不为，勿以恶小而为之，全员参与，排除隐患，重视预防。

（2）安全的作用有两点。

①保障企业安全生产，实现零事故；

②改善和提高企业形象。

7. 节约

就是对时间、空间、资源、材料、能源等方面合理利用，以发挥它们的最大效能，从而创造一个高效率的，物尽其用的工作场所。

（1）节约的原则有三点。

①能用的东西尽可能利用；

②以自己就是主人的心态对待企业的资源；

③切勿随意丢弃，丢弃前要思考其剩余之使用价值。

（2）节约的作用有三点。

①降低生产成本；

②培养为公司考虑的人才；

③促进效率提高。

【实施任务】

请同学们根据现场管理中的7S管理，制订自己寝室的7S管理内容。

【知识点检测】

1. 7S管理法在企业中如何应用？

2. 为什么说素养是5S管理的核心？

任务6 环境管理与企业社会责任

【任务导入】

国外许多知名和著名的采购商家,在委托国内企业生产纺织品时都会提出"验厂"要求,他们打着的旗号是国际采购商都认可的规则,其中就有一条企业社会责任管理(SA8000)要求。曾经有一家宁波专做服装贸易的公司诉道:"现在由于欧美的采购商每次下单都要设限并提出'验厂',所以我们每年都要接受几十次验厂要求,企业的负担太重,简直苦不堪言。如果我们也能实行采购商认可的社会责任管理体系,可以节约很多成本,还能保守商业秘密。"

请问,上述案例给我们的启发是什么?

【任务分析】

要完成本次任务,必须明确:

1. SA8000 有哪些内容?对纺织企业有哪些影响?
2. 企业社会责任的含义是什么?

【知识点讲解】

在现代社会活动当中,环境保护和可持续发展已经成为现代企业生产活动的重要组成部分。企业的发展是服务于人类,同时人类的生活需要依赖自然资源,故企业和人类的生产活动皆需要相应的环境支持,但这些资源和环境却受到了企业生产活动的破坏和过度利用。因此,实行环境保护和可持续发展,就是保护人类的未来,也是企业发展过程中应面对和正视的社会责任。

一、环境管理

环境管理是现代企业管理的有机组成部分。纺织企业生产过程的变化,必然会引起管理过程的变化。由于大规模生产造成了环境污染,环境管理已成为纺织企业管理的重要内容。环境管理就是要通过有计划的控制协调来解决发展生产与环境保护的矛盾,同时环境管理也是纺织企业管理内容的深化与发展,而且必须从基层管理做起。

(一)环境管理目标

企业环境管理的主要目标有以下几个方面。

(1)通过全面规划、合理布局,正确处理发展生产同环境保护的关系,使两者互补促进,保证企业的可持续发展。

（2）加强治理，通过建立规章制度，给员工创造良好的生产与生活环境。

（3）通过进行资源节约和废弃物综合利用，一方面可减少对环境的污染，另一方面可防止对自然资源的浪费和破坏，以避免或延缓资源枯竭危机的到来，从而有利于自然资源的持续利用。

（4）通过开展环境科学技术研究和环境教育工作，为企业提供技术和人才，以利于生产的发展和环境保护工作的开展。

（二）环境管理的内容

企业环境管理工作，在企业筹建的前期即应着手进行。在进行可行性研究阶段，要做环境影响评价，拟订配套的环境保护方案；在设计与施工试产阶段，要实行环境保护的管理；在工程投入生产以后，则开始进行日常的环境保护、长远规划、年度计划和各项规章制度的制订以及宣传教育、监测统计等管理工作。具体说，企业环境管理的主要任务如下。

1. 组织全企业贯彻执行环境法规和方针、政策

国家和地方各级政府制订的各项环境保护方针、政策、法规、标准、制度和实施办法等都是实现环境目标的法律依据和措施。企业必须认真贯彻和实施，并结合自己的具体情况，制订出环境规划以及相应的专业管理制度和实施办法，以保证国家和地方政府的各项环境保护法规的要求得以贯彻实施。

2. 推进综合防治，减少和消除环境污染

治理企业现有的污染是环境保护管理工作中一项最重要的任务。实践证明，必须坚持以防为主的原则，从改革生产工艺、原材料和产品结构入手，着眼于通过系统的综合防治来保证生产过程少排放或不排放废弃物和污染物。

3. 掌握企业的环境质量状况，监督环境质量的变化

随着生产工艺技术的进步和生产规模的扩大，企业排放的污染物日趋增多和复杂化，污染物对环境要素以及生态系统的影响也变得日益严重和复杂。因此，通过掌握企业污染物排放情况及其对环境要素和生态系统的影响程度，来预测环境质量的变化趋势，并来调整企业生产排污状况，满足环境保护的要求，是十分必要的。

4. 控制新建、扩建、改建工程项目对环境的影响

工业企业环境保护工作的实践证明，企业建成后，工艺装备和环境保护设施的技术水平在相当长的时期内是难以改变的。因此，对新建企业，必须从筹建时起就进行严格的环境管理和控制，以减少投产后对环境造成的污染。此外，对老企业的扩建、改建工程也必须像对新建企业一样实行严格的控制与管理。

5. 组织开展环境教育和研究，创建清洁工厂

建立健全环境管理网络体制，提高员工的环境意识和建立健全各项规章制度，开展普及性的环境教育；通过专门训练，开展专业环境教育。以培养专业人才；通过开展环境科研学术的研究活动，以满足发展循环经济的要求，并为解决本企业的环境问题创造条件；开展创建清洁工厂活动，力争把本企业建成生产优异、效益上乘、清洁文明的工厂。

（三）企业建设中的环境管理

企业进行基本建设、技术改造与技术引进时，都要贯彻主体建设与环境保护协调发展的指导方针。建设项目环境管理的主要任务是合理布局，合理利用资源和能源，最大限度地减少污染物的产生和排放量，切实落实"三同时"与"预防为主，综合防治"的环保方针，保证项目建成投产或使用后，其污染物的排放符合国家或地区的排放标准。

1. 建设前期的环境管理

建设项目的决策，关系到企业投产后的经济效益、社会效益和环境效益是否能够得到统一并取得较好效果。所以，建设前期的环境管理工作非常重要。建设前期环境管理的主要任务有九条。

（1）调查和评价建设项目报建地址周围的环境状况。

（2）预测建设项目对环境的污染程度和环境质量未来的变化状况。

（3）参加选定厂址的研究工作。

（4）烟尘控制的要求与初步方案。

（5）废水处理的要求与初步方案。

（6）废渣处理与利用的要求和初步方案。

（7）噪声控制的要求与初步方案。

（8）环境监测设施和环境保护管理机构设置的初步方案。

（9）环境保护投资估算。

2. 设计阶段的环境管理

设计阶段环境管理的中心任务是将建设项目的环境保护目标和防治对策转化为具体的工程措施和设施，以保证达到预期的环境保护目标和符合设计的要求。设计单位接受设计任务书后必须按环境影响报告书（表）及其审批意见所确定的各种措施开展设计，认真编制环境保护篇，严格执行"三同时"原则，防治污染及其他公害的设施应该以主体工程环境保护设计为依据。设计阶段环境保护的内容主要有十项。

（1）环境保护设计依据。

（2）环境影响报告书或报告表及审批规定的各项要求和措施。

（3）主要污染源和污染物的种类、名称、数量、浓度、强度及排放方式。

（4）环境保护工程设施及其简要处理的工艺流程、预期效果。

（5）对建设项目引起的生态变化所采取的防范措施。

（6）工厂绿化。

（7）环境管理机构及定员。

（8）环境监测机构。

（9）环境保护投资预算。

（10）存在的问题及建议。

3.施工阶段的环境管理

在建设项目施工阶段，施工单位应根据设计单位提出的施工图文件，负责按设计要求和施工验收规范的规定组织施工。设计图纸及文件中所包含的各项环境保护设施必须在这个阶段中和全部设施一起完成，并具备投产条件。因此，施工阶段环境管理的中心是抓好环境保护设施"同时施工、同时投产"任务的检查和落实。同时也必须注意施工区域原有环境生态系统和环境质量的保护和恢复。施工阶段环境管理应抓好下列工作。

（1）进一步复查设计文件，核对施工现场实际情况，发现设计不妥、遗漏或不符合现场情况时，应及时要求设计单位更改或补充设计。

（2）检查环境保护设施的施工进度以及材料、设备、施工力量的组织安排情况，以保证环保设施的施工进度满足"三同时"要求。

（3）检查环境保护设施的施工安装质量，应严格按照设计要求和工程验收规范规定的质量要求进行，不符合质量要求和达不到性能要求的环保设施，不能同意交工验收。

（4）妥善处理环境保护设施的变更，凡因施工要求进行的设计变更必须严格按照基本建设程序，由原设计单位签发正式的设计变更通知单后才能执行。

4.竣工验收阶段的环境管理

根据现行规定，建设项目竣工验收必须有环境保护部门参加。在建设项目竣工验收阶段必须抓好环保设施性能、安装质量和环境效益的等检验工作，竣工验收阶段环境管理的内容主要有五个方面。

（1）建设项目建成试车（试产）时，环境保护设施应与主体工程同时试车，或者联动试车。

（2）建设项目正式投产前，建设单位应委托环境保护监测部门对外排污染物进行监测。

（3）凡是环境保护设施和主体设施没有同时建成，或建成后投料试车时污染物排放达不到国家和地方规定的排放标准的，环境保护部门不予验收。

(4) 大型建设工程的竣工验收工作，可以分为单项工程验收和总体工程竣工验收。

(5) 如在验收中发现环保设施存在问题，验收部门应立即提出处理意见并限期处理解决，未处理好前不准投产。

5. 生产准备中的环境管理

环境管理的准备工作是企业生产准备的一个重要组成部分，它直接关系到建设项目投产后，环保设施能否真正做到与主体工程同时运行。生产准备中的环境管理工作主要有：

(1) 组建企业的环境管理机构，建立与培训环境管理干部队伍。制定企业环保规章制度和各项业务的管理、考核办法。

(2) 制定环保设施技术操作规程，并将这些规程认真贯彻到环保设备操作工作当中。

(3) 落实环保设施的备品备件、专用材料的供货渠道以及"三废"资源综合利用产品的利用途径。

(4) 组建环境监理机构，建立环境监测队伍。

(5) 收集和建立有关环境管理档案。

(6) 开展投产前的环境质量现状监测。

(7) 大力宣传，提高全体员工的环境意识。

二、纺织行业环境管理

(一) 纺织环境污染的主要内容

纺织行业是污染物排放量较大的工业部门之一，主要以印染行业废水污染为主，其次为噪声、废气、废渣、废料污染。噪声是纺织工业一个相当严重的污染，主要为细纱、布机产生的高频噪声污染；废气、废渣主要是由于锅炉燃烧供热产生的废气、废渣；废料污染主要有纤维工业中的废丝、废原液，纺纱、织布中的飞花、粉尘，服装厂裁剪边角废弃物等。由于纺织印染废水污染占到整个纺织行业污染的80%以上，所以本节以介绍纺织印染行业废水污染为例。

1. 以棉布印染厂废水为例

(1) 退浆废水。退浆是用化学药剂将织物上所带浆料水解成可溶性物质，然后除去。在棉、麻和合成纤维混纺织物的退浆废水中，含有各种浆料、浆料分解物、纤维屑、酸、碱和酶类等污染物，使废水呈碱性，略带黄色，化学需氧量COD和生物需氧量BOD都相当高。退浆废水的特点是水量少，但水质污染严重。

(2) 煮练废水。煮练在退浆之后进行，是用热的碱性洗涤剂或表面活性剂溶液去除棉蜡和其他非纤维素杂质。煮练废水呈深褐色，碱性很强，BOD和COD值都很高。水量大，污染严重。

（3）漂白废水。漂白是去除棉、麻纤维上的天然色素，使纤维洁白的一道工序。常用的漂白剂有大量的次氯酸钠、过氧化氢和亚氯酸钠。漂白废水含有残余漂白剂，漂后的酸洗水含有硫酸，BOD_5较低，约为200 mg/L，漂白废水的特点是水量大、污染轻。

（4）丝光废水。棉、麻纱线和织物在染色、印花和整理之前，必须进行丝光处理，以提高其光泽和对染料的吸收性能。丝光稀碱液含碱量约5％左右，经碱回收后所排出废碱性仍然很强，PH值高达12—13，但BOD较低。

（5）染色废水。由于不同纤维材料所选用的染料、助剂和染色方法不同，因此染色废水的水质组成比较复杂多变。染色废水是印染废水的主要来源，其中含有染料、助剂、微量有毒物质和表面活性剂等。废水的色泽很深，呈碱性。

（6）印花废水。印花废水主要来自配色调浆、印花滚筒和筛网的冲洗水，以及印花后花布的水洗、皂洗等。由于印花色浆中浆料的含量要比染料含量多出数倍至数十倍，因此，废水中除含染料和助剂外，还含有大量浆料。所以BOD和COD都很高。废水中BOD含量约占印染废水中BOD总量的15％—20％。

（7）整理废水。整理废水通常含有纤维屑、各种树脂、甲醛、油剂和浆料等。由于其废水量较小，对整个废水的水质影响不大。

（二）纺织环境管理的主要指标

1. 耗水量

百米布（吨纱）耗水量指生产100米布（或生产1吨纱）所消耗的新鲜水量。

耗水量(t/百米布或t纱)＝年生产消耗新鲜水量（t）/年产量（百米布或t纱）

耗水量包括生产中耗用的自来水、井水、河水、江水等新鲜水量，回收使用水不重复计算。

耗水量包括主要生产、辅助生产（包括机修、空压站、污水处理场等）和附属生产（包括办公、绿化、厂内食堂和车间浴室、卫生间等）等生产性用水。

2. 废水产生量

废水产生量包括主要生产、辅助生产和附属生产的废水产生量。单位产品的废水产生量是在进入废水处理厂之前一年的废水产生量之和除以一年的生产产量。

废水产生量（t/百米布或t纱）＝年废水产生量(t)/年产量（百米布或t纱）

3. 化学需氧量COD产生量

COD产生量指生产过程排放废水中的COD的量，各个生产车间产生的废水在进入废水处理车间之前COD的测定值。其浓度监测方法采用重铬酸盐法（方法标准号GB11914—89）。

COD的浓度值取一年中12个月的平均值。

COD的浓度（mg/L）＝∑COD的月平均浓度值（mg/L）/12

COD年产生量(kg/n)＝COD的浓度（mg/L）×年废水产生量(t)/10^3

COD产生量(kg/百米布或t纱)＝COD年产生量（kg/n)/年产量（百米布或t纱）

废水产生量和COD产生量是纺织印染废水的主要指标，只要把这两项指标控制好，印染企业的环境问题基本上就能得到控制。

4. 生物需氧量BOD产生量

BOD产生量指生产过程排放废水中的BOD的量，各个生产车间产生的废水在进入废水处理车间之前BOD的测定值。

BOD的浓度值取一年中12个月的平均值。

BOD的浓度（mg/L）＝∑BOD的月平均浓度值（mg/L）/12

BOD年产生量(kg/n)＝BOD的浓度（mg/L）×年废水产生量(t)/10^3

BOD产生量（kg/百米布或t纱）＝BOD年产生量（kg/n)/年产量（百米布或t纱）

5. 声音强度等级

分贝是声强级的一个单位，用于表示声音的大小。1分贝大约是人刚刚能感觉到的声音，适宜的生活环境不应超过45分贝，不应低于15分贝。根据国家噪声污染标准，工业区昼间不应超过65分贝，夜间不应超过55分贝。噪声级为30～40分贝是比较安静的正常环境；超过50分贝就会影响睡眠和休息，正常生理功能会受到一定的影响；70分贝以上干扰谈话，造成心烦意乱，精神不集中，影响工作效率，甚至发生事故；长期工作或生活在90分贝以上的噪声环境，会严重影响听力和导致其他疾病的发生。

表4-7　城市各类区域环境噪声标准值

适用区域	昼间（分贝）	夜间（分贝）
疗养区、高级别墅区等	50	40
居住、文教区	55	45
居住、商业、工业混合区	60	50
工业集中区	65	55
交通干线道路、铁路等两侧	70	55

6. 粉尘浓度

粉尘浓度是空气污染的重要指标，指单位体积空气中所含粉尘的量。用质量浓度表示，单位为mg/m^3，用数量表示为粒/cm^3。

粉尘浓度＝粉尘质量（mg）/空气的体积（m^3）

或

粉尘浓度＝粉尘颗粒数（粒）／空气的体积（cm^3）

（三）纺织污染管理

纺织企业污染管理是一项非常复杂的工作，根据不同的情况，排污、治污管理方式也不同。国家鼓励发展具有民族特色的纺织品生产，但须满足相应的环境保护要求。在水资源短缺地区，可在生产工艺过程或部分生产单元，选用吸附、过滤或化学治理等深度处理技术，提高废水再利用率，实现废水资源化；鼓励生产过程中采用低水位逆流水洗技术和设备；鼓励纺织企业开发应用生物酶处理技术、激光喷蜡、喷墨制网、无制版印花技术，数码印花技术，高效前处理机、智能化小浴比和封闭式染色等低污染生产工艺和设备。以下从废水、噪声、废气、废渣等其他污染物几个方面做介绍。

1. 废水污染管理

（1）纺织废水应根据棉纺、毛纺、丝绸、麻纺等印染产品的生产工艺和水质特点，采用不同的治理技术路线，实现达标排放。

（2）取缔和淘汰技术设备落后、污染严重及无法实现稳定达标排放的小型纺织印染企业。

（3）纺织废水治理工程的经济规模为废水处理量Q≥1000吨／日。鼓励纺织集中地区实行专业化集中治理。在有正常运行的城镇污水处理厂的地区，纺织企业废水可经适度预处理，符合城镇污水处理入厂水质要求后，排入城镇污水处理厂统一处理，实现达标排放。

（4）纺织废水治理宜采用生物处理技术和物理化学处理技术相结合的综合治理路线，不宜采用单一的物理化学处理单元作为稳定达标排放治理流程。

（5）棉机织、毛粗纺、化纤仿真丝绸等印染产品加工过程中产生的废水，宜采用厌氧水解酸化、常规活性污泥法或生物接触氧化法等生物处理方法和化学投药（混凝沉淀、混凝气浮）、光化学氧化法或生物炭法等物化处理方法相结合的治理技术路线。

（6）棉纺针织、毛精纺、绒线、真丝绸等印染产品加工过程中产生的废水，宜采用常规活性污泥法或生物接触氧化法等生物处理方法和化学投药（混凝沉淀、混凝气浮、光化学级化法）或生物炭法等物化处理方法相结合的治理技术路线。

（7）洗毛回收羊毛脂后废水，宜采用予以处理、厌氧生物处理法、好氧生物处理法和化学投药法相结合的治理技术路线。或在厌氧生物处理后，与其他浓度较低的废水混合后再进行好氧生物处理和化学投药处理相结合的治理技术路线。

（8）麻纺脱胶宜采用生物酶脱胶方法，麻纺脱胶废水宜采用厌氧生物处理法、好氧生物处理法和物理化学方法相结合的治理技术路线。

（9）生物处理或化学处理过程中产生的剩余活性污泥或化学污泥，需经浓缩、脱水

（如机械脱水、自然干化等），并进行最终处置。最终处置宜采用焚烧或填埋的方法。

（10）印染产品生产和废水治理的机械设备，应采取有效的噪声防治措施，并符合有关噪声控制要求。在环境卫生条件有特殊要求地区，还应采取防治恶臭污染的措施。

（11）纺织废水治理流程的选择应稳定达到国家或地方污染物排放标准要求。

2. 噪声污染管理

（1）规划时把生产区与居民区分开；把高噪声车间与办公室、宿舍分开；在车间内部，把噪声高的机器与噪声低的机器分开。

（2）研制先进设备，改进生产加工工艺，提高机械设备的加工精度和装配质量，使发声体变为不发声体，或者大大降低发声体的辐射声功率，例如以无梭织机代替有梭织机。

（3）平时注意检修、保养，减少撞击和摩擦，正确地校准中心，做好动平衡，适当地提高机壳的刚度。

（4）对于各种气流声源，选择最佳叶型，确定合理转速，调整气流喷射张角。

（5）建立绿化带。绿化不仅能改善企业的环境，而且一定密度和宽度的树木、草坪具有降低噪声的作用。

（6）把辐射噪声的管道引向上空或野外以改变噪声传播的方向。

3. 纺织废气、废渣、废料污染管理

纺织企业产生的废气和废渣主要由锅炉燃煤引起，锅炉与其他业部门具有通用性，采用改变燃料结构、集中供热、锅炉改造等方式，废气、废渣的污染状况就能得到比较好的控制。

纤维工业中的废丝、废原液，纺纱中的飞花，服装厂裁剪边角料等废弃污染物可采用改进生产工艺，降低原材料损耗率与集中回收处理的方式加以处理。

（四）转向绿色生产，助力"双碳"目标

在第七十五届联合国大会上，中国表示将提高国家自主贡献力度，采取更加有力的政策和措施，二氧化碳排放力争于2030年前达到峰值，努力争取2060年前实现碳中和，即双碳目标：2030年"碳达峰"，2060年"碳中和"。

1. 全球纺织行业的"碳"现状

全球纺织服装行业碳排放量占全球碳排放总量的10%，是仅次于石油的第二大污染源。

2. 我国纺织行业的"碳"现状

我国纺织服装行业年碳排放量大约在2.3亿吨左右，2020年碳排放总量约为2.09亿吨。

行业碳排放量约占全国碳排放量的2%，占全国工业碳排放量的2.8%。因此，与其他行业相比，我国纺织服装行业整体碳排放水平不高。而根据国际能源署统计，2019年全球纺织和皮革业碳排放量在2.99亿吨左右，占全球排放总量的0.6%。

3. 我国纺织细分行业的"碳"现状

在纺织服装三个细分行业中，分纺织业"碳"排占比69%，化学纤维制造业占比23%，服装服饰业占比8%。

4. 我国纺织服装行业"碳"排发展状况

"碳"排以温室气体排放计，自2000年起随着纺服行业快速发展逐步上升，而后进入平稳期。2014—2020年，行业温室气体排放年均增速均低于0.5%。从排放强度来看，行业排放强度连年下降。2005—2020年，行业排放强度累计下降超60%，"十三五"期间共下降16%。3个子行业碳排放强度均呈下降趋势，其中，化学纤维制造业累计降幅接近70%，纺织业排放强度累计降幅达63%，纺织服装、服饰业排放强度累计降幅接近65%。

5. 我国纺织服装行业能源结构现状及发展趋势

从能源结构来看，我国纺织服装行业不断优化能源结构，推进行业能源使用的低碳转型。我国纺织服装行业排放绝大部分来自能源使用（主要是电力和蒸汽），到2020年，行业'煤改气''煤改电'取得显著进展，行业煤炭消耗占比从30%显著下降至低于10%，电气化程度不断提高。与此同时，我国纺织服装行业在节能减排上做出了巨大的努力，行业企业的能源效率实现极大提升。

6. 实现纺织服装行业的"双碳"目标的路径

（1）碳足迹测评，对产品进行全生命周期碳足迹测评，追求从"摇篮到坟墓"的碳环管理。目前，我国绝大部分（96.08%）产品的测评边界为"摇篮到大门（Cradle-to-Gate）"，对于纺织品而言，就是从原材料加工到成品；1.96%的产品测评边界为"摇篮到坟墓（Cradle-to-Grave）"，即从原材料加工到产品废弃处置；1.96%的产品测评边界为"大门到大门（Gate-to-Gate）"，指核算边界不包括原材料的提取加工及最终产品的废弃处置环节，仅为中间环节到中间环节。完整的产品全生命周期测评范围应为"摇篮到坟墓"。碳足迹测评要做得工作就是"摸清行业家底、构建数据库基础"，中国纺织服装行业全生命周期评价（CNTAC-LCA）工作组开发了中国本地化纺织服装碳足迹数据库，目前涵盖13种纤维类型、6种纺纱方式、24种纱支类型、两种面料织造方式及3种染色方式，涵盖服装、床品、面料、纱线等多个纺织服装品类。

（2）新技术的开发和应用，如某企业联合某纺织高校共同研发了"乙醇体系无盐染色技术",采用低沸点、无毒且易于回收的乙醇作为染色介质,取代传统水溶性染料的使用。这种染色方式可实现染料的快速上染,大幅减少染色时间,染色温度降低10℃-20℃,从而降低能源消耗,并且消除了对无机盐的需求。染色后,待回收液中的化学品残留和能源消耗也因环保型活性染料的使用大大降低。综合前后道工序清洁生产技术的使用,纺、织、染全过程单位CO_2排放量(kgCO2e/100m)能降低81%,单位产品取水量(t水/100m),其中印染加工过程新鲜水取水量可下降54%,且废水中污染物排放量(kg COD/100m)降低96%。

(3)新产品的应用,如某企业用在生产儿童家具服时,使用了零碳天丝™莫代尔纤维,该使用可帮助整件产品减碳13.65%。再如,某糖果裤在原材料获取阶段也使用了零碳天丝™莫代尔纤维,在辅料制备阶段将石油基锦纶丝更换成生物基锦纶丝等,该"材料端+工艺端"并行的减碳形式将这款产品的碳排放有效降低了17.38%。

(五)实施纺织清洁生产

1. 节约用水工艺

(1)数码印花和转移印花(适宜于各种天然纤维、化学纤维及其混纺织物的无水印花工艺)。

(2)涂料印花(适宜棉、化纤及其混纺织物的印花与染色)。

(3)棉布前处理冷轧堆工艺(适宜棉及其混纺织物的少污染工艺)。

2. 减少污染物排放工艺

(1)纤维素酶法水洗牛仔织物(适宜棉织物的少污染工艺)。

(2)高效活性染料代替普通活性染料(适宜棉织物的少污染工艺)。

(3)淀粉酶法退浆(适宜棉织物的少污染工艺)。

3. 回收、回用工艺

(1)超滤法回收染料(适宜棉织物染色使用的还原性染料等)。

(2)丝光淡碱回收(适宜棉织物的资源回收及少污染工艺)。

(3)洗毛废水中提取羊毛脂(适宜毛织物的资源回收及少污染工艺)。

(4)涤纶仿真丝绸印染工艺碱减量、废碱液回用(适宜涤纶织物的生产资源回收及少污染工艺)。

4. 禁用染化料的替代技术

(1)逐步淘汰和禁用织物染色后在还原剂作用下,产生22类对人体有害芳香胺的偶氮型染料。

(2) 严格限制内衣类织物上甲醛和五氯酚的含量,保障人体健康。

(3) 提倡采用易降解的浆料,限制或不用聚乙烯醇等难降解浆料。

二、环境管理国际标准体系ISO14000

随着环境状况的日益严峻以及消费者环境意识的逐步增强,纺织企业的管理者开始认识到企业遵守环境保护法律法规和有关标准的重要性。在这种情况下,越来越多的优秀纺织企业管理者选择进行环境管理国际标准ISO14000体系认证。

(一) ISO14000内容

ISO14000是国际标准化组织(ISO)为保护全球环境,促进世界经济持续发展,针对全球企业、政府部门、非营利团体和其他用户;汇集全球环境管理及标准化方面的专家,在总结全世界环境管理科学经验基础上制定并于1996年正式颁布的环境管理体系标准。涉及环境管理体系、环境审核、环境标志、生命周期评价等国际环境领域内的诸多焦点问题,其旨在指导各类组织(企业、公司)取得和表现正确的环境行为。减少现代工业对社会造成的负面影响,以维护全球生态平衡。该ISO14000系列标准共预留100个标准号。该系列标准共分七个系列,其标准号从14001至14100,共100个标准一号,统称为ISO14000系列标准。

表4-8 ISO14000系列标准号分配表

代号	名称	标准号
SC1	环境管理体系(EMS)	14001-14009
SC2	环境审核(EA)	14010-14019
SC3	环境标志(EL)	14020-14029
SC4	环境行为评价(EPE)	14030-14039
SC5	生命周期评估(LCA)	14040-14049
SC6	术语和定义(T&D)	14050-14059
WG1	产品标准中的环境指标	14060
备用	备用	14061-14100

ISO14000系列标准主要包括环境管理标准、环境审核标准、环境标志标准、环境行为标准和产品生命周期评价标准等。按标准的功能,ISO14000结构,如图4-15所示。

```
ISO14000 ─┬─ 评价组织 ─┬─ 环境管理体系
          │           ├─ 环境行为评价
          │           └─ 环境审核与环境监测
          └─ 评价产品 ─┬─ 生命周期评价
                      ├─ 环境标志
                      └─ 产品标准中的环境指标
```

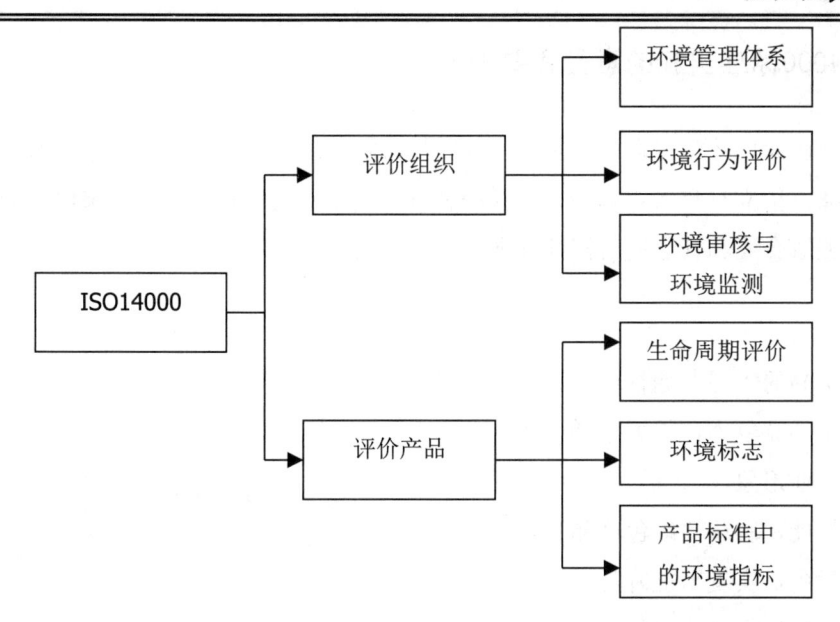

图4-15　ISO14000系列标准结构图

从总体上看，ISO14000系列标准的精神主要体现在四个方面。

①评估组织机构的行为对环境造成的影响及对负面影响的控制。

②组织机构对环境的负面影响控制在法律所许可的范围。

③组织机构应合理设计对突发性事件的处理程序。

④组织机构具有持续改善对环境负面影响的义务。

到目前为止，国际标准化组织已颁布了ISO14001《环境管理体系：规范及使用指南》；ISO14004《环境管理体系：原则体系和支撑技术通用指南》；ISO14010《环境审核：通用原则》；ISO14011《环境审核：环境管理体系审核》；ISO14012《环境审核：审核员的资格要求》，预计在今后的几年中ISO14000系列标准中的其他相关标准将陆续出台。

ISO14000与ISO9000也是ISO自1947年成立并正式运作以来所制定的12000多个标准中在全球范围内最受关注的两个，同时也被当今市场营销学者及企业环境管理者统称为企业进军国际市场的两张必备的通行证。中国政府已经把ISO14000环境管理体系5项标准等同、转化为中国国家标准，并于1997年4月1日正式实施。

有一点必须说明的是，由于ISO是非政府组织，因此，其颁布的诸多标准的效力是采取自愿的非强制性原则。具体到ISO14000环境管理标准是自愿实施，因此，企业界就有了所谓"现在考虑环境管理值不值得"的问题。如果不值得，那么，该企业就不会采取环境管理；如果值得，那么，企业就会谨慎地把环境管理视为企业系统管理的一个重要方面，主动实施。

（二）ISO14000标准实施的意义和要求

事实上，任何企业，环境管理已不是"值不值得"的问题，而是必须真抓实干的问题。通过实施ISO14000，建立环境管理体系，以减少各项活动所造成的环境污染，节约资源，改善环境质量，促进企业和社会的可持续发展。

1. 意义

①获取国际贸易的"绿色通行证"。
②增强企业市场竞争力，扩大市场份额。
③树立优秀企业形象。
④改进产品性能，制造"绿色产品"。
⑤改革工艺设备，实现节能降耗。
⑥污染预防，环境保护。
⑦避免因环境问题所造成的经济损失。

2. 要求

①建立文件化的环境管理体系。
②制定环境方针，作出环境保护和承诺。
③识别企业的环境因素，制定目标指标以改善环境状况。
④预防污染，持续改进，遵守法律法规。
⑤针对企业重要环境岗位，建立作业程序加以控制。
⑥注意各方面的信息沟通。
⑦对紧急突发事件，建立应急和响应计划。

（三）ISO14000标准和ISO9000标准的关系

ISO9000质量体系标准与ISO14000环境管理体系标准对组织（公司、企业）的许多要求是通用的，两套标准可以结合在一起使用。世界各国的许多企业或公司都通过了ISO9000系列标准的认证，这些企业或公司可以把在通过ISO9000体系认证时所获得的经验运用到环境管理认证中去。新版的ISO9000标准更加体现了两套标准结合使用的原则，使ISO9000标准与ISO14000系列标准联系更为紧密了。

虽然ISO9000体系与ISO14000体系有相似之处，ISO9000体系的一些方面经过部分修改就可与ISO14000体系共用，但是ISO14000体系与ISO9000体系又有本质的不同，以下几个方面的内容是ISO9000体系没有的，也是每一个企业都不可能通用的：

①识别环境因素。

②评价重要环境因素。
③制订环境目标、指标、方案。
④运行程序对重要环境因素进行控制。
⑤识别并获取适用本企业的环境法律法规，并定期评价遵循情况。

四、企业社会责任

企业社会责任的建设工作旨在使中国纺织工业能更好地融入国际产业链和供应链，规范市场秩序，以适应经济全球化的需要。企业社会责任的执行有利于增强企业核心竞争力，促进企业持续健康发展，切实保障所有员工的合法利益，激励员工的主人翁精神。

（一）企业社会责任的概念

企业社会责任（Corporate Social Responsibility）是指在市场经济体制下，企业除了为股东追求利润外，也应考虑利益相关者的利益，即影响和受影响于企业行为的各方的利益，其中雇员利益是企业社会责任中最直接和最重要的内容。社会责任不仅仅是政府的事情，更不是消极的慈善事业，好的企业公众形象与主动承担社会责任和提升品牌形象是紧密联系在一起的。企业越是注重社会责任，其产品和服务就越有可能获得更大的市场份额。

（二）企业社会责任的主要内容

企业承担一定的社会责任应是企业组织应尽的义务。而企业到底应该承担哪些责任，实际上是取决于那些与企业有着密切关系的企业利益相关者，而这些不同的企业利益相关者都有着各自的利益。一般来说，根据企业利益相关者的不同，企业应当承担的社会责任主要有六个方面。

1. 企业对投资者的社会责任

企业对投资者的社会责任是企业最基本的社会职责。企业的这种社会责任就是为投资者提供较高的利润和企业资产的保值与增值，以确保投资者在企业中的利益。

2. 企业对消费者的社会责任

企业对消费者的社会责任就是要对消费者履行在产品质量或服务质量方面的承诺，保证提供优质产品和满意的服务，不得欺诈消费者和牟取暴利。

3. 企业对企业职工的社会责任

企业对企业职工的社会责任要求企业对企业职工的安全、福利、教育等方面承担责任。

4. 企业对债权人的社会责任

企业对债权人的社会责任就是要按照债务合同的要求，到期按数还本付息，为债权人提供借贷安全。

5. 企业对政府的社会责任

企业对政府的社会责任就是要求企业按照政府有关法律、法规的规定，照章纳税和承担政府规定的其他责任义务，并接受政府的依法干预和监督，不得逃、偷、漏税和非法避税。

6. 企业对社会的社会责任

企业对社会的社会责任主要指的是企业对社会慈善事业、社会公益事业以及社会环境可持续发展方面的责任。

以上六个方面的社会责任，可进一步分为强制性责任和自愿性责任两类。其中前五项主要为强制性责任，需要以法律、经济、行政等手段来保证；第六项则是自愿性责任，应以社会倡导为主，再辅之以法律支持。

（三）履行社会责任的意义

对纺织服装行业而言，重视社会责任的企业在提高企业国际信誉，为投资者带来更多的长期利益，更大程度地符合当地法规要求，增加消费者好感，提高品质，培养员工对企业的忠诚度等诸多方面有积极意义。

1. 提高企业国际信誉

劳工问题现在越来越受到全球媒体和消费者关注。有效地实施社会责任守则，有利于保护和提升公司的纺织服装品牌，避免公司品牌因劳工标准问题受到损害，使合作伙伴对企业建立长期信心。

2. 为投资者带来更多的长期利益

越来越多的投资者在购买股票前进行深入的研究和筛选，避免投资那些直接或间接违反劳工标准的公司，而且建议公司实施社会责任政策，采用独立的方法监督供应商的劳工问题，甚至要求公司撤出某些劳工问题严重的地区。有关劳工问题的负面报道会使投资者抛售股票，导致股票下跌。

3. 更大程度地符合当地法规要求

劳工标准及其原则包含在国家法规及国际公约之中，推行社会责任守则可以帮助纺织服装公司及其商业伙伴更好地遵守法规，避免商业活动引起负面的法律诉讼。

4.增加消费者好感

消费者一般对有社会责任的企业有好感。纺织服装企业勇于承担社会责任,能够满足消费者的要求,避免消费者抵制,而且使消费者对纺织服装企业及产品更加信赖。

5.降低事故发生,提高品质,增加竞争优势

通过改善劳动条件,激发员工的生产积极性,从而提高纺织服装产品的质量和生产效率,降低成本,增加产品的竞争力。

6.培养员工对纺织服装企业的忠诚度

企业员工肯定趋向选择那些更有道德、按人权约定行事的企业。重视社会责任可以增强纺织服装企业对现存的和潜在的劳动力的吸引力,使公司员工有归属感,减少员工流失。

(四)履行社会责任不可忽视的问题

1.劳动合同问题

目前,有些纺织服装企业没有与员工签订劳动用工合同,员工在遇到如职业病、欠薪、辞退等问题需要投诉时,找不到任何凭据。根据调查,有些纺织企业老板为了逃避员工职业病造成的法律责任,采取短时间内频繁换用员工的做法,这样一来,当员工的职业病发作的时候,他们可能已经离开了原来的企业,又没有任何凭据,给职业病和中毒事件的认定造成了很大的难度。

2.劳资纠纷问题

纺织服装企业,大多都为外资企业、民营企业和私人企业,劳动强度大,岗位吸引力较差,常常发生劳资纠纷的问题。比如因为下岗补偿的问题,上访事件时有发生。

3.生产安全、职业健康问题

在纺织服装工业中,纺纱、制造的过程会产生棉屑、粉尘,而对织物进行漂白、染色、印花等加工的工序,则涉及使用化学品。在纺织厂厂房内散播的粉尘及漂白、染色生产中采用的各种漂白剂、酸、碱和染化材料,均可经呼吸道吸入人体,直接对工人健康造成危害,员工如果长期处于布满粉尘和化学试剂的工作环境中,而又缺乏保护装备,很容易导致各种疾病。

4.工时和加班问题

工时和加班是服装生产企业最普遍的问题,也是最难以解决的问题。服装生产企业在赶制订单的季节,有些企业的工作时间超过12小时,更有甚者一些企业工人的加班工资只

有1~2元/小时，严重违反劳动法。有些企业实行计件制工资，但企业把计件定额抬得很高，使工人不加班就完不成当天的任务，而且，从账面上看就没有加班工资，从而逃避了加班工资的问题。

5. 社会保险问题

由于纺织服装企业的一线生产员工一般自我保护意识相对薄弱，一些私营纺织服装企业借机不给他们缴纳各种保险，这就造成了一线生产员工购买养老、医疗保险等比例很低。

6. 妇女权益保障问题

一些纺织服装私营企业在保护妇女权益方面做得很差。在一些纺织服装企业里，女工一旦怀孕，就被迫解聘，这样，企业就逃避了妇女三期保护的问题。

纺织服装行业社会责任问题涉及地方政府的各个管理部门，包括生产安全、劳动社会保障、消防、工会、妇联等部门，直接影响到外贸出口的订单和外商投资环境，直接影响到外向型经济的发展。

五、社会责任国际体系SA8000

（一）SA8000的含义

社会责任国际标准体系（Social Accountability 8000 International Stand-and，简称SA8000)是一种基于国际劳工组织宪章（ILO宪章)、联合国儿童权利公约、世界人权宣言而制定的，以保护劳动环境和条件、劳工权利等为主要内容的管理标准体系。SA8000是全球首个道德规范国际标准，其宗旨是确保供应商所供应的产品符合社会责任标准的要求。SA8000标准适用于世界各地任何行业、不同规模的公司。其与ISO9000、ISO14000一样是可被第三方认证机构审核的国际标准。

（二）SA8000主要内容

（1）童工。公司不应使用或者支持使用童工，应与其他人员或利益团体采取必要的措施确保儿童和应受当地义务教育的青少年的教育，不得将其置于不安全或不健康的工作环境或条件下。

（2）强迫性劳动。公司不得使用或支持使用强迫性劳动，也不得要求员工在受雇起始时交纳"押金"或寄存身份证件。

（3）健康与安全。公司应具备避免各种工业与特定危害的知识，为员工提供健康、安全的工作环境，采取足够的措施，最大限度地降低工作中的危害隐患，尽量防止意外或伤害的发生；为所有员工提供安全卫生的生活环境，包括干净的浴室、厕所，可饮用洁净水，安全的宿舍，卫生的食品存储设备等。

（4）结社自由和集体谈判权。公司应尊重所有员工自由组建和参加工会以及集体谈判的权利。

（5）歧视。公司不得因种族、社会等级、国籍、宗教、身体、残疾、性别、性取向、是否工会会员、政治归属或年龄等而对员工在聘用、报酬、培训机会、升迁、解职或退休等方面有歧视行为；公司不得干涉员工行使信仰和风俗的权利和满足涉及种族、社会阶层、国籍、宗教、残疾、性别、性取向和政治从属需要的权利；公司不能允许强迫性、虐待性或剥削性的性侵扰行为，包括姿势、语言和身体的接触。

（6）惩戒性措施。公司不得从事或支持体罚、精神或肉体胁迫以及言语侮辱。

（7）工作时间。公司应遵守适用法律及行业标准有关工作时间的规定，标准工作周不得经常超过48小时，同时员工每7天至少要有1天休息时间，所有加班工作应支付外津贴，任何情况下每个员工每周加班时间不得超过12小时，且所有加班必是自愿的。

（8）工资报酬。公司支付给员工的工资不应低于法律或行业的最低标准，并且必须足以满员工的基本需求，以及提供一些可随意支配的收入并以员工方便的形式如现金或支票支付；对工资的扣除不能是惩罚性的，并应保证定期向员工清楚详细地说明工资、待遇构成；应保证不采取纯劳务性质的合约安排或虚假的学徒工制度，以规避有关法律所规定的对员工应尽的义务。

（9）管理系统。高层管理阶层应根据本标准制定公开透明、各个层面都能了解，并实施的符合社会责任与劳工条件的公司政策，要对此进行定期审核；委派专职的资深管理代表具体负责，同时让非管理阶层自选出代表与其沟通；建立并维持适当的程序，证明所选择的供应商与分包商符合本标准的规定。

图4-16　SA8000的系统结构图

（三）SA8000认证的作用

（1）减少国外客户对供应商的第二方审核，节省费用。

（2）更大限度地符合当地法规要求。

（3）建立国际公信力。

（4）赢得消费者对产品的好感。

(5) 使合作伙伴对本企业建立长期信心。

六、中国纺织企业社会责任管理体系CSC9000T

（一）CSC9000T含义

CSC9000T(China Social Compliance 9000 for Textile & Apparel Industry)是基于相关中国法律法规和有关国际惯例，符合中国国情的中国纺织企业社会责任管理体系。

CSC9000T中国纺织企业社会责任管理体系，旨在为企业规定有效的社会责任管理体系要素，既包括社会责任的具体要求，又涵盖建立企业社会责任管理体系的模式。这些要素可与其他管理要求相结合，帮助企业实现其社会责任目标与经济目标，满足预防风险和持续改进的要求。如同其他管理体系一样，CSC9000T不增加或改变企业的法律责任。

（二）CSC9000T主要内容

CSC9000T是中国纺织企业公共的社会责任行为准则，它帮助纺织企业建立社会责任管理体系，实现对行为准则的承诺，达到改善社会责任管理、切实保障所有员工利益、激励员工发展的目的，从而增强企业人力资源的竞争力。具体内容有管理体系、劳动合同、童工、强迫或强制劳动、工作时间、薪酬与福利、工会组织与集体谈判权、歧视、骚扰与虐待和职业健康与安全。

（三）CSC9000T认证过程

2005年5月31日，中国纺织工业协会社会责任建设推广委员会正式成立，160多家纺织服装企业、全国和地方协会组织成为首批会员，并正式推出《CSC9000T中国纺织企业社会责任管理体系》2005年版。这是中国第一个行业自律性社会责任管理体系。CSC9000T的具体认证过程包括以下几个方面。

(1) 策划。策划是指建立所需的目标和程序，以实现企业的社会责任行为准则所期望的结果。

(2) 实施。实施是指对程序予以执行。

(3) 检查。检查是根据企业的社会责任行为准则、目标、指标以及法律法规和其他要求，对程序进行监测和测量，并报告其结果。

(4) 改进。改进是采取措施，以持续改进社会责任管理体系的表现。

CSC9000T认证过程如图4-17所示。

图4-17　CSC9000T认证过程图

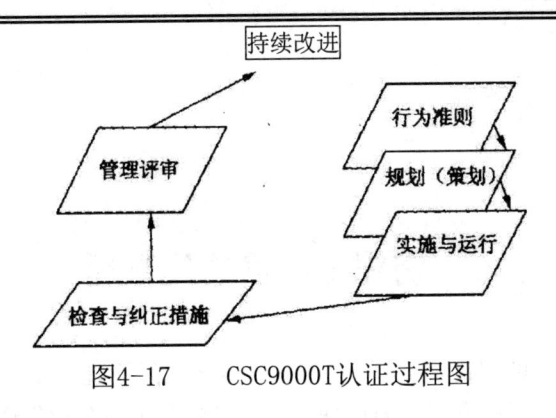

【实施任务】

华为集团——企业社会责任的中国之路

华为的社会责任感一直被广大消费者称赞。在此列举华为积极承担社会责任的几个案例。

1.人才培养：华为通过各种方式培养了大量的技术人才，为社会提供了优秀的人才资源。

2.环保行动：华为积极推动绿色低碳发展，通过技术创新和节能减排等措施，降低了排放量。

3.公益捐赠：华为多次向实区捐赠资金和物资，为灾区人民提供了帮助。

4.人权保护：华为积极维护员工的合法权益，保障员工的劳动权益和人权。

5.社区服务：华为积极参与社区服务，为社区居民提供各种帮助和支持。

6.科技创新：华为不断推动科技创新，为社会提供了更加先进的技术和产品。

7.教育支持：华为通过各种方式支持教育事业，为学生提供了更好的学习环境和机会。

8.文化传承：华为积极推动文化传承，为传统文化的保护和传承作出了贡献。

9.公共安全：华为积极参与公共安全事业，为社会提供了更加安全的信息通信技术解决方案。

请结合华为的案例，分析你身边企业所承担的社会责任。

【知识点检测】

1. 纺织企业环境污染主要内容有哪些？

2. 企业社会责任的主要内容有哪些？

3. 纺织企业社会责任主要存在哪些问题？

项目五

纺织生产信息化管理

随着人们生活水平的提高,传统的生产管理方式已经不能满足顾客对商品多样化的需求,于是现代化的生产管理方式不断出现。本模块结合纺织企业生产实际,介绍物料需求MRP管理、制造资源MRPⅡ管理、纺织全生命周期ERP管理三种先进的企业生产信息化管理。

任务1 物料需求MRP管理

【任务导入】

某纺织厂在没有计算机管理之前,生产计划部每次下生产计划都要人工计算生产用料单,花费大量的时间清查现有库存和计算缺料等;同时纱线品种繁多,进库、出库和调拨的频繁操作,使得仓库管理工作量加大,人工误差导致库存数量不准影响到生产发料。各个部门各自为政,信息流通滞后,使得整个企业管理比较杂乱。后来公司开始使用MRP管理系统,使用后,生产计划部人员下一个生产计划由原来的2天变成十几秒,自动生成的生产发料单又快又准,材料库的进货可在第一时间自动补充生产缺料也使得生产得以及时顺利进行,管理人员再不用为下生产计划而忙得团团转,生产状况得到极大的改善。

请问案例的启发是什么?

【任务分析】

要完成本次任务,必须明确以下两点。

1.什么是物料需求计划MRP?

2.MRP的目标是什么?

【知识点讲解】

物料需求计划MRP是制造资源计划MRPⅡ的核心内容,也是企业资源计划ERP的核心功能和重要组成,是制造业生产管理技术的主要方法之一,其工作逻辑是按反工艺路线的原理推算出各部分产品的生产数量和期限。为了反映生产系统的变化,MRP系统产生的作业计划需要不断更新。MRP的主要实施还包括确定MRP参数、建立生产数据库、制定能力需求计划和做好生产控制。

一、MRP概述

物料需求计划(Material Requirements Planning, MRP)是一种将库存管理和生产作业计划管理结合为一体的计算机辅助现代生产计划管理系统,它是把主生产计划(产品出产进度计划）细化为零部件生产进度计划和原材料、外购件的采购进度计划，确定自制零部件的投产日期与完工日期。计划遵循JIT（Just in time）的思想，要求实现"在需要的时候，按所需的零部件（原材料、外购件），生产和采购需要的数量"。这样可以尽量减少生产中的在制品，压缩外购物料的库存量，缩短生产周期，保证按期交货。

MRP成功地解决了根据最终产品计划生成零部件需求计划的问题，它能计算出为完成产品生产计划，需要生产哪些零部件，生产多少，采购多少，什么时候下达外协件的采购任务和零部件的制造任务，何时完成。其逻辑流程如图5-1所示。

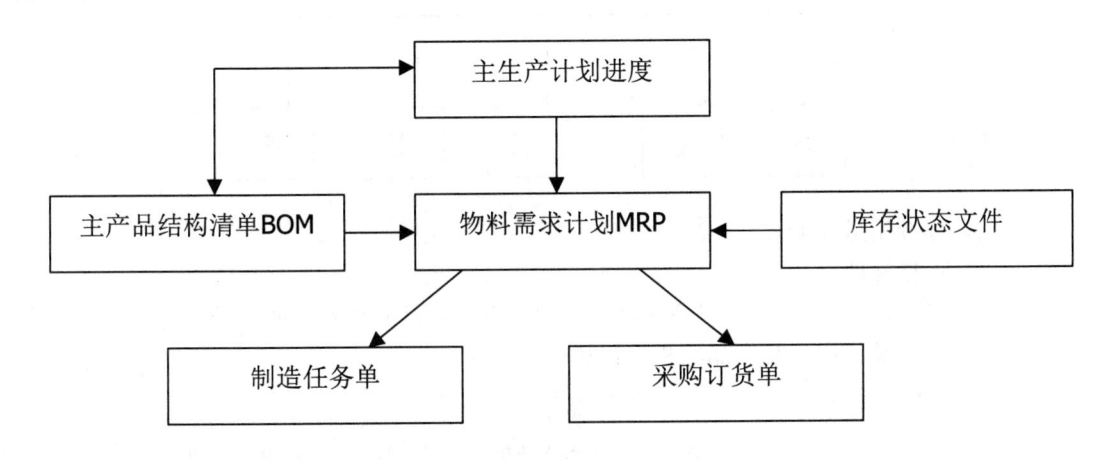

图5-1　MRP逻辑流程图

也就是说，构成一个MRP系统的三个关键因素为：MPS（主生产计划），BOM物料清单（产品结构或者投入产出关系表），库存信息（当前的可用数量）。

二、主生产计划（MPS）、物料清单（BOM）与库存信息关系

主生产计划（MPS）用于生成独立需求类物料的生产计划，即针对的是最终产品或者维修类、自用类或可选类等与最终产品未有明确需求关联性的物料的生产计划。

库存信息，用于记录库存中各种物料的数量。除部分明确标记为已分配或者已占用的物料之外，库存信息可用作在MPS/MRP计算中，提供物料的当前可用量。

物料清单（BOM）用于表示最终产品（或者半成品、上级零部件）由哪些零部件、原材料所构成，以及标准用量。如果，附加考虑原材料和零部件的标准成本，可以把BOM扩展为最终产品（或者半成品、上级零部件）标准的标准成本构成清单。同时，物料清单（BOM）中还通过关联的工艺路线，记录自制类生产加工的提前期，由此，可以用于计算零部件制造所需的标准时间。如图所示：

物料清单（BOM）来源于产品结构，与产品结构具有非常紧密的联系。物联清单（BOM）为管理类的基础文件，可用于生产管理、成本核算等；产品结构为设计类基础资料，来源于产品设计，可用作为生产制造类基础文件。

对于工程项目来说，产品结构可以把要求完工的整体项目看作最终产品，把其分项工程理解为零部件，同时也可以把制定分项工程（相当于部件或者某道工序）的材料消耗定额（指企业内部定额，包括用量定额、价格标准）的过程，看作定义一个产品结构的过程。

所以，通过消费定额的制定（产品结构定义），能够知道未来的某工程项目对物料的需求量和材料成本控制标准、订单发出时间。工程项目部门在编制某项目的生产计划的同时，已经确定了某项目（分项工程）或者其结构件的投产时间。物资部采购组根据上述确定的投产时间，考虑订货周期，能够确定订单的发出时间，保证所需物料的按时到位。

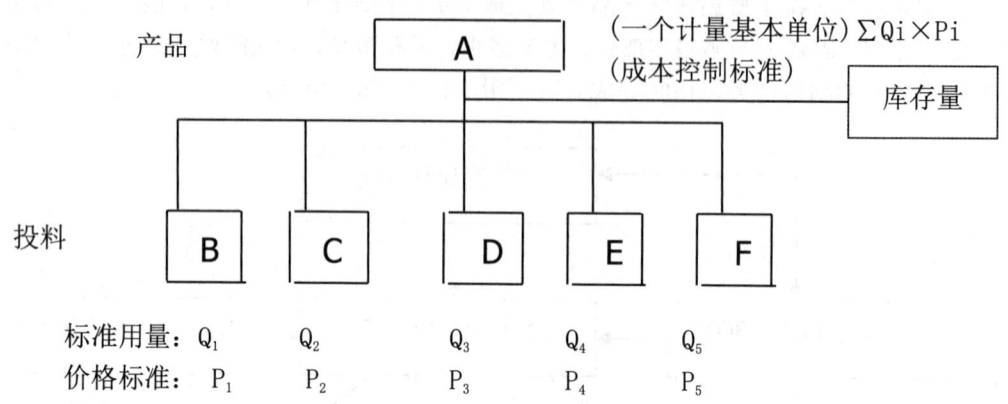

```
产品                    A        (一个计量基本单位)∑Qi×Pi
                                 （成本控制标准）——库存量

投料        B    C    D    E    F

标准用量：  Q₁   Q₂   Q₃   Q₄   Q₅
价格标准：  P₁   P₂   P₃   P₄   P₅
```

其中，B、C、D、E、F等可以是部件，也可以是原材料，如果是部件，则可再次定义产品结构。其产品结构可以进一步分解。

图5-2 　主生产计划、物料清单、库存信息关系图

MRP根据反工艺路线的原理，按照主生产计划规定的产品生产数量及期限要求，利用产品结构、零部件和在制品库存情况、各生产（或采购）阶段的提前期、安全库存等信息，反工艺顺序地推算出各个零部件的出产数量与期限。由于在统计物料需求时，会按照划分的时段进行汇总统计，因此，MRP也被称为时段式MRP。

因此，在制定MPS计划后，可以以MPS计划为需求源，通过MRP计算各零部件（即自制类物料）的生产计划，以及原材料（采购类物料）的采购计划。

三、MRP管理的主要内容

（一）总进度计划

总进度计划，也叫"生产进度计划"。主要标明何时生产、生产哪些最终产品、何时需要、数量多少。

例如，总进度计划上表明在计划期间内计划输出细项X，第4周开始时需要（例如，送货给顾客）100单位的X产品，第8周开始时还需要150单位的X产品。

表5-1　最终细项X的总进度计划表　　　　　　单位：周数

细项：X	1	2	3	4	5	6	7	8
数量				100				150

（二）物料清单

MRP系统要正确计算出物料需求的时间和数量，特别是相关需求物料的时间和数量。一般通过产品结构列出构成成品或装配件的所有部件、元件、零件等的组成、装配关系和数量要求，即BOM单。

（三）库存信息

库存信息是企业所有产品、零部件、在制品、原材料等存在状态的资料。为便于电脑识别，必须对物料进行编码。具体包括以下内容：

①现在库存量
②计划收到量
③已分配量
④提前期
⑤订购（生产）数量
⑥安全库存量

（四）MRP输出

1. 主报告

①计划订单，时间进度安排指明了未来物料的需求数量与时间，分为自制类的生产计划单，以及采购类物料采购计划单；
②订单发布，授权执行计划订单；
③计划订单的变化，包括预计日期、订货数量的改变与取消订单等。

2. 二级报告

①关于财务、成本方面的报告
②业绩控制报告
③模拟报告
④例外报告

四、闭环MRP管理

MRP可根据有关资料计算出相关物料需求的准确时间与数量，但未考虑到生产企业现有的生产能力和采购等有关条件的约束。因此，计算出来的物料需求的日期有可能因设备和工时的不足而没有能力生产，或者因原料的不足而无法生产。同时也缺乏根据计划实施情况的信息反馈而对计划进行及时调整。

为了解决以上问题，MRP系统在20世纪70年代发展为闭环MRP系统。闭环MRP系统除了物料需求计划外，还将生产能力需求计划、车间作业计划和采购作业计划也纳入MRP，形成了一个封闭的系统。

（一）闭环MRP的含义

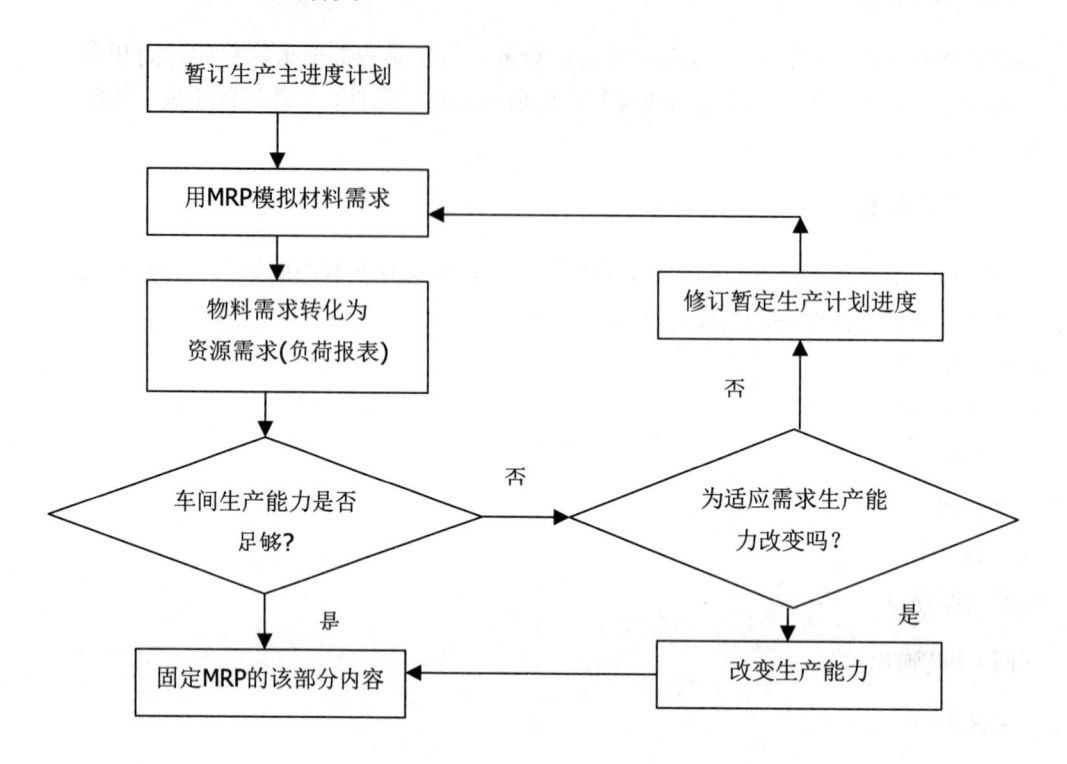

图5-3 闭环MRP实施程序图

1. 把生产能力需求计划、车间作业计划和采购作业计划纳入MRP，形成一个封闭的系统；

2. 在计划执行中，必须有来自车间、供应商和计划人员的反馈信息，并利用这些反馈信息进行计划的调整平衡，从而使生产计划方面的各子系统得到协调统一。其工作过程是一个"计划—实施—评价—反馈—计划"的封闭循环过程。

（二）闭环MRP管理的特点

1. 编制能力需求计划

系统的正常运行，除了需要有一个反映市场需求和合同订单的主生产计划外，还必须满足企业的生产能力约束条件。因此，除了要编制资源需求外，还需要制定能力需求计划（CRP），同各个工作中心的能力进行平衡。

2. 扩大与延伸的MRP功能

在编制产品进度计划的基础上，把系统的功能进一步向车间作业管理和物料采购计划延伸。

3.加强对计划执行情况的监控

通过对计划完成情况的监控和派工、调度等手段来控制计划的执行,以保证计划目标的完成。

【实施任务】

上机操作,模拟纺织企业MRP系统。

【知识点检测】

1.时段式MRP的特点?
2.闭环MRP系统如何使生产计划方面的各种子系统得到统一?

与本项目相关的拓展资料请扫二维码

任务2 制造资源MRPⅡ管理

【任务导入】

某纺织厂在使用MRP管理系统后,生产计划部人员下一个生产计划由原来的2天变成十几秒,自动生成的生产发料单又快又准,材料库的进货可在第一时间自动补充生产缺料也使得生产得以及时顺利进行,管理人员再不用为下生产计划而忙得团团转,生产状况得到极大的改善。但MRP系统不能同时反映财务信息,如产品销售计划用金额来表示,说明销售收入;对物料以货币计价,以计算成本,方便定价;采购计划以金额来表示,以用于预算;库存以金额表示,以反映库存资金占用情况。由于货币信息不能同步,导致纺织企业的经营规划、销售与生产无法同步。由于纺织企业无法进行有效的企业计划的经济效益模拟,对辅助企业高级管理人员进行决策有重大影响。

请问案例的启发是什么?

【任务分析】

要完成本次任务,必须明确以下两个问题。
1. MRPⅡ的特点是什么?
2. MRPⅡ在纺织企业中优势是什么?

【知识点讲解】

制造资源计划MRPⅡ从整体优化的角度出发,对企业的各种制造资源和产、供、销、存、财务等各个环节实行合理的计划、组织、控制和调整,使之在生产经营的过程中协调有序,从而在实现连续均衡生产的同时,最大限度地降低物料库存,消除无效劳动和资源浪费。MRPⅡ实现了物流与资金流的信息集成,是企业资源计划ERP的核心主体。

一、MRPⅡ概述

(一)MRPⅡ的产生与概念

20世纪70年代末,随着闭环MRP的应用和发展,系统的范围与功能进一步扩展,把生产、库存、采购、销售、财务、成本等子系统都联系起来,逐渐发展成为一个覆盖企业全部生产资源的管理信息系统。它不仅编制产品和零部件的生产进度计划、物料采购计划,而且还可以直接从系统获得各种财务信息,如销售收入、库存资金占用量、产品成本和生产作业监控等。除此之外,它还包含经营计划,把企业经营管理的全部内容都纳入系统之内。

1977年9月,美国著名生产管理专家奥列弗·怀特提出了一个新概念——制造资源计划(Manufacturing Resources Planning),简称为MRPⅡ,MRPⅡ是对制造业企业资源进行有效计划的一整套方法。它是一个围绕企业的基本经营目标,以生产计划为主线,对企业制造的各种资源进行统一计划和控制,使企业的物流、信息流、资金流流动畅通的动态反馈系统。

MRP Ⅱ将企业视为一个有机整体，从整体优化的角度出发，通过运用科学的方法，充分开展各种制造资源和生产、供应、销售和企业的财务联系。有效地规划、组织和控制使协调发展成为可能。

（二）MRP Ⅱ原理

MRP Ⅱ各计划层次体现了由宏观到微观，由战略到战术，由粗到细的深化过程。MRP Ⅱ计划主要涉及七个方面。
①经营规划；
②主生产计划MPS；
③物料需求MRP计划、能力需求计划及计划执行；
④物料管理；
⑤库存管理；
⑥采购管理；
⑦财务管理与成本管理。

（三）MRP Ⅱ特点

MRP Ⅱ的特点可以从以下几个方面来说明，每一项特点都含有管理模式的变革和人员素质或行为变革两方面，这些特点是相辅相成的。
①计划的一贯性与可行性；
②管理的系统性；
③数据共享性；
④动态应变性；
⑤模拟预见性；
⑥物流、资金流的统一。

MRP Ⅱ还将MRP优化物质资源的思路扩展到包括人员、设备、资金、物资等广泛的资源，涉及企业的整个生产经营活动。MRP Ⅱ不再只是生产管理的工具，而是整个企业运作的核心系统，由计划驱动的集中控制。MRP Ⅱ已被当今世界各类制造企业广泛采用，是制造业在21世纪信息时代提高竞争力不可或缺的手段。

二、MRP Ⅱ的逻辑流程

MRP Ⅱ系统分为五个计划层次：经营规划、生产计划大纲、主生产计划、物料需求计划和车间作业计划（生产作业控制）。MRP Ⅱ计划层次体现了由宏观到微观，由战略到战术，由粗到细的深化过程。MRP Ⅱ的计划层次结构及处理逻辑流程如图5-4所示。

在流程图的右侧是计划与控制的流程，它包括了决策层、计划层和控制执行层，可以理解为经营计划管理的业务过程；中间是基础数据，统一储存在系统数据库中，可反复调用。这些数据信息的集成，实现企业各个部门业务整合集成，可以理解为MRPⅡ系统的数据层；左侧是主要的财务系统，包括应收账、总账和应付账等财务相关的各项业务。图中连线表明信息的流向及相互之间的集成关系。

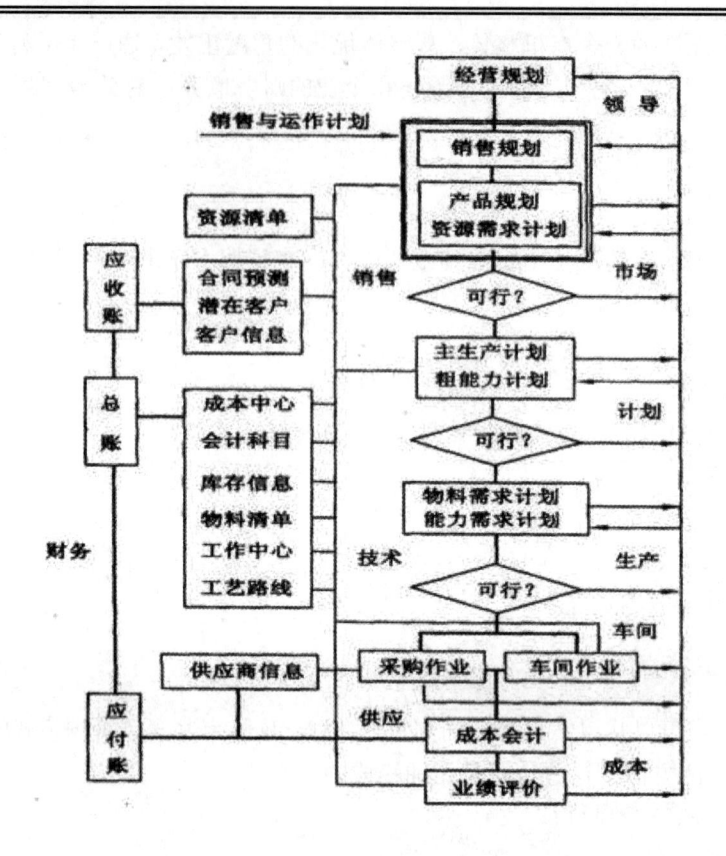

图5-4　MRPⅡ的计划层次结构及处理逻辑流程图

三、纺织MRPⅡ管理的模块

按照供应链的构造方法结合纺织业特点，纺织MRPⅡ管理系统大致划分为9个模块，纺织企业可以根据自身的具体情况进行增减，找出适合自身管理的基本管理框架（模块）。

纺织MRPⅡ管理的9个模块分别是：

（1）营销管理模块，包括销售、计划及商品开发功能；

（2）工艺质量管理模块，包括技术、质控、商品开发和计划；

（3）生产计划管理模块，包括计划、制造及外发加工生产；

（4）采购模块，包括原料、辅料及办公用品的采购，商品开发的选料；

（5）车间作业模块，包含织造（或纺纱）和质量控制；

（6）库存模块，包含原、辅料仓库、成品仓库及样品仓库，以及用于生产过程管理的辅助仓库，如待检仓、在途仓、在制品仓等；

（7）固定资产模块，包括人力资产、物业及厂房、总经办、织造部的设备；

（8）人力资源模块，包括招聘、培训员工、工资结算等；

（9）客户关系模块，牵涉到生产过程中各个环节所要接触的客户。

在各个模块当中，企业可以根据自身的特点，具体细分或者分化组合来实现对纺织企业的信息化管理。

四、MRP与MRPⅡ的区别

MRPⅡ对MRP的资源与层次、管理功能进行了扩充。

资源：MRPⅡ不再仅仅局限于生产资源，还考虑了企业的广义资源，如物料、设备、资金、人力、信息等。

层次：MRPⅡ考虑了企业经营决策的战略级、中短期管理级、车间作业计划监控的战术级等不同层次。

功能：MRPⅡ覆盖了市场预测、经营计划、物资供应、采购管理、设备管理、财务管理、成本管理、车间管理、库存管理等环节，并形成了以经营计划、销售计划、生产计划、物料需求计划、采购计划、生产能力计划以及车间作业计划、财务管理为主线的一体化计划管理体系。

五、纺织生产MRPⅡ应用的优势

（1）可以实现对纺织生产的日常管理中所收集的数据进行整理和归类，利用现代信息技术进行管理，为各项数据提供了有效的管理手段，它为纺织企业提高生产效率和提升管理水平带来很大便利。

（2）可以实现通过反馈库存和车间在制品信息，制定纺织生产计划，在保证按期供货的前提下，减少在制品和库存的资金占用。与其他开发方法相比，有时间和费用上的优势。

（3）目前的中小纺织企业较多，这些企业的主要特点是"批量小、品种多"，MRPⅡ可以说是对症下药，在解决制造企业物料供应与生产计划的矛盾、计划相对稳定与用户需求多变的矛盾、库存增加与流动资金减少的矛盾、产品品种多样化与生产活动的条理化的矛盾，等过程中，可以发挥重要的作用。

（4）可以随着纺织企业规模的扩大随之发展壮大，可平滑过渡到ERP系统，最终形成完善的信息管理体制。

【实施任务】

上机操作，模拟纺织企业MRPⅡ系统。

【知识点检测】

1. MRPⅡ理论在纺织企业中应用的现实意义是什么？
2. MRP与MRPⅡ的区别是什么？

任务3 纺织生产ERP管理

【任务导入】

山东魏桥纺织集团是一个集棉纺、织造、热电于一体的大型综合纺织企业,技术装备居国内一流,生产规模和经济效益居全国同行业首位,是全国大型500家重点企业集团之一。通过在集团内实施 ERP 系统,集团在了解掌握各企业信息资源的基础上,逐步细化对企业的管理,优化整个集团的资金流、物流与信息流,充分利用集团内的各项资源,降低运营成本,实现企业管理的整体最优化,提高了魏桥纺织集团在国际市场中的竞争力。

请问山东魏桥纺织实施 ERP 系统的启发是什么?

【任务分析】

要完成本次任务,必须明确以下两个问题。
1. 什么是 ERP?ERP 有哪些系统构成?
2. ERP、闭环 MRP 和 MRPII 的区别是什么?

【知识点讲解】

ERP将客户需求、供应商和企业内部所有资源整合在一起,对采购、生产、成本、库存、分销、运输、财务、人力资源进行规划,形成企业一个完整的供应链,从而达到最佳资源组合,取得最佳效益。

一、ERP概述

(一)ERP的产生与概念

进入21世纪,企业内部条件、外部环境发生了巨大变化——科学技术快速发展,计算机与网络技术广泛应用,企业国际化、市场国际化进程不断加快,顾客需求不断追求个性化,所有这些使得以某种标准形式开发的MRPⅡ系统难以适应当今时代更加广泛的应用要求,于是产生了新一代的先进MRPⅡ系统。美国嘉特纳集团公司将其称为企业资源计划(Enterprise Resource Planning,简称ERP)系统。

ERP是建立在信息技术基础上,利用现代企业的先进管理思想,全面地集成企业所有资源信息,为企业提供决策、计划、控制与经营业绩评估的全方位和系统化的管理平台,它将企业的生产计划、物料需求计划、财务管理、采购管理、库存管理、车间管理、资产管理、人力资源管理、投资管理等等集成在一个平台上,统一管理调度,实现企业内部资源的共享和协同,克服企业中烦琐流程的制约,使得各业务流程无缝平滑地衔接,从而提高管理的效率和业务的精确度,提高企业的盈利能力,降低交易成本。

(二)ERP的核心管理思想

ERP的核心管理思想是供需链管理。参照以集成管理技术和信息技术著称的美国生产与库存管理协会（APICS）的定义，供应链管理有四个方面的内容。

（1）经营范围：供需链的要素、运作环境、财务基础、制造资源计划（MRPⅡ）、准时制生产（JIT）、全面质量管理（TQM）；以及MRPⅡ、JIT及TQM之间的关系。

（2）需求计划：市场驱动，客户期望与价值的定义，客户关系，需求管理。

（3）需求与供应的转换：设计，能力管理，计划、执行与控制，业绩评价。

（4）供应：库存，采购，物资分销配送系统。

二、ERP的系统功能和构成体系

（一）ERP系统构成

根据企业管理的层次，可将ERP系统水平划分为三个层次。

（1）最高管理层：企业级战略层，如企业决策支持、企业业绩报告。

（2）中部管理层：工厂级战术层，如生产计划与控制、销售控制、成本控制、物料管理等。

（3）基层管理层：车间级执行层，如车间作业控制、库存管理等。

目前，国内外对于ERP子系统划分一般都采用垂直与水平相结合的方法，这样既强调多职能的相对独立性，又加强了各子系统横向的层次间联系。

（二）ERP系统功能体系

参照现有ERP商用软件，可将ERP系统功能分为8个体系：物料管理体系、生产管理体系、财务管理体系、制造资源管理体系、供需链管理体系、质量管理体系、决策支持管理体系、办公自动化管理体系。其中，每个体系可包含若干个子系统或模块。

1. 物料管理体系

该部分功能主要负责对企业的各类物料、基础数据与公用数据等进行统一管理，并对企业内部生产相关物料的采购、库存、销售进行有序管理与控制，为企业的经营生产管理提供保障。其主要子系统包含制造数据管理、库存管理、销售管理、采购与物资供应管理等。

2. 生产管理体系

生产管理体系是ERP的核心功能，它将企业整个生产过程有机结合在一起，使企业生产流程前后连贯，不出现脱节，不影响交货时间，也能有效降低库存，提高效率。ERP支持多种生产方式管理模式，如连续流程制造、离散制造、重复式生产、MTS、MTO、ATO、ETO等等，ERP软件提供灵活可选配置的生产计划与控制功能模块，以适应不同应用企业特定生产方式的管理，ERP系统支持MRPⅡ/JIT混合模式，具有较好的生产计划、调度控制与优化能力，其主要子系统包含主生产计划、物料需求计划、能力需求计划、车间任务/作业管理、准时生产管理、配置控制管理等。

3. 财务管理体系

ERP财务管理与一般企业财务软件不同，它与ERP其他子系统相互集成，可将生产、采购、销售等活动的信息自动计入财务子系统，生成总账、会计报表，取消了输入凭证烦琐的过程。其主要子系统包含财务总账管理、应收账管理、应付账管理、固定资产管理、成本管理等，还有财务分析、财务决策、多币制管理、现金管理等功能。

ERP强调以财务执行过程中资金流的优化来计划与控制企业的经营与生产，形成较完善的企业财务管理系统。

4. 制造资源管理体系

该功能体系主要将与生产制造相关的能力资源进行集成管理，提高资源可用性和利用率，并通过与生产计划体系的集成来提高企业生产效率及效益，其主要子系统包含设备管理、人力资源管理、工具管理等。

5. 供需链管理体系

供需链的主要环节有顾客、制造、分发、运输、库存计划、预估、供应计划等，供应链管理是ERP新增功能中最重要的方面，其主要子系统包含分销管理、供应信息交换、售后服务管理等，有些ERP软件还包括客户关系管理、物流配送管理等功能。

6. 质量管理体系

ERP软件吸收质量管理功能，实现了质量管理与ISO9000体系的集成，质量管理与ERP的信息集成，其子系统主要包括质量计划编制、质量基本信息管理、质量检测与质量控制过程管理、质量综合信息统计与分析、质量成本分析等等。

7. 决策支持管理体系

ERP软件还提供面向企业经营管理的综合信息查询和辅助决策支持功能，并采用了最新的计算机技术，包括数据仓库、数据挖掘、联机事务分析技术等等，这使得ERP的功能更加强大，从管理事务处理层发展到了决策支持和商务智能层面，其主要子系统包含综合查询、决策支持等。

8. 办公自动化管理体系

办公自动化是企业管理信息系统的重要组成部分，很多ERP软件包括办公自动化管理功能，并实现了办公自动化管理与ERP的信息集成，办公自动化管理子系统可实现办公室无纸办公，提高管理效率。其主要功能包括公文管理、档案管理、邮件管理、会议管理、公告板、Internet管理、文件审批流程管理等。

从管理信息集成的角度来看，从MRP到MRP II再到ERP，是制造业管理信息集成的不断扩展和深化，每一次进展都是一次重大质的飞跃，然而又是一脉相承的。

三、ERP与闭环MRP和MRPII的关系

(1)ERP的基础是以MRP和MRPⅡ。简单地说,MRP是MRPII的核心功能,MRPⅡ就是ERP的重要组成部分。从MRP到MRPⅡ再到ERP,是制造管理信息集成的不断拓展和深化。

(2)ERP打破了MRP和MRPⅡ仅限于传统制造业的旧观念和格局,将触角伸向各个行业,大大扩展了应用范围。 ERP以信息技术为基础,运用现代企业先进的管理思想,充分整合企业所有资源信息,为企业的决策、计划、控制和经营绩效评估提供了一个全面、系统的管理平台。

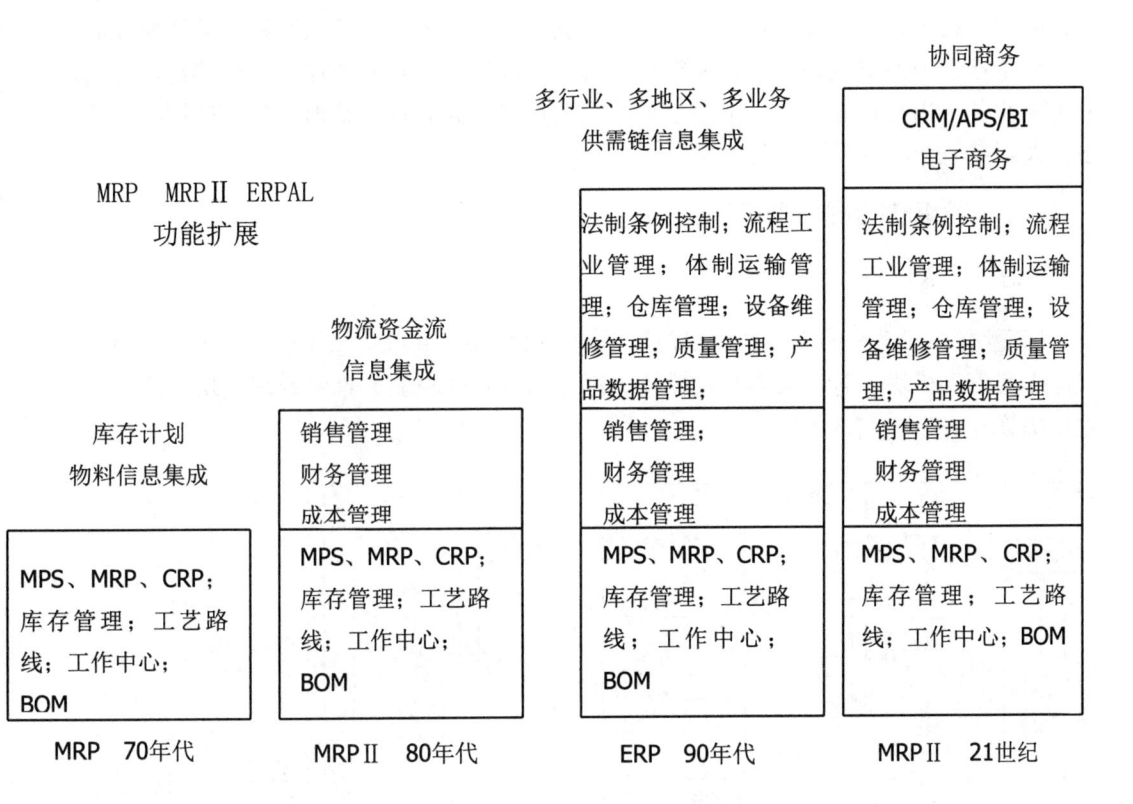

MRP MRPⅡ ERPAL 功能扩展	物流资金流 信息集成	多行业、多地区、多业务 供需链信息集成	协同商务 CRM/APS/BI 电子商务
库存计划 物料信息集成	销售管理 财务管理 成本管理	法制条例控制;流程工业管理;体制运输管理;仓库管理;设备维修管理;质量管理;产品数据管理;	法制条例控制;流程工业管理;体制运输管理;仓库管理;设备维修管理;质量管理;产品数据管理
MPS、MRP、CRP;库存管理;工艺路线;工作中心;BOM	MPS、MRP、CRP;库存管理;工艺路线;工作中心;BOM	销售管理;财务管理;成本管理 MPS、MRP、CRP;库存管理;工艺路线;工作中心;BOM	销售管理 财务管理 成本管理 MPS、MRP、CRP;库存管理;工艺路线;工作中心;BOM
MRP 70年代	MRPⅡ 80年代	ERP 90年代	MRPⅡ 21世纪

图5-5 MRP、MRPⅡ与ERP的联系图

四、纺织ERP管理

(一)纺织ERP的必然性

纺织是个大行业,包括纺织业、服装业、化纤制造业和纺织设备制造业。纺织业有棉纺织(印染)、毛纺织、麻纺织、丝绸纺织、针织业;服装业有服装、服饰业;化纤业包括合成纤维、人造纤维制造业。其中服装、棉纺、化纤是大行业,销售额占全行业的60%。另外,产品按应用领域又分为衣着用、家居用、产业用三大类。不同行业的企业管理模式、制造类型、生产工艺流程、市场经营方式都有极大不同。

(1)加入WTO后,在国际竞争一体化环境下,中国纺织企业面临着挑战。

(2) 实施ERP是提高管理效益、降低管理费用的有效途径。

(3) 实施ERP是快速反映市场变化的重要手段。

在全球纺织生产和供应的产业链中,企业自身发展需要快速反应国际产业链的变化。例如,浙江维科纺织公司实施ERP系统以后,效果非常明显。公司产品开发周期由ERP应用前的30天降低至15天,市场反馈周期由30天降低到7天,色织布生产周期由60天减少到25天,染色一次命中率由56%提高到92%,准时交货率提高到98%,用户满意程度提高到98%。而库存降低了30%,A级品率由94%提高到97.5%。

同其他行业相比,棉纺企业没有很复杂的生产工艺,基本上就是由棉纺成纱,由纱织成布。由于各地的棉纺企业在生产工艺和经营模式上都较为接近,企业信息化建设也有章可循。设备种类和数量较多,织机和纺机等生产设备的管理以及相关配件的采购与核算是企业管理的重点。对主要原料和产成品(棉纱、坯布)的控制、核算是相关部门的主要业务。棉纺行业是劳动密集型生产,人员多,人力资源管理与工资核算的工作量也很大。

(二)纺织ERP系统的管理模块

1. 总体框架

标准纺织ERP系统的模块通常涵盖了生产管理模块、基础信息模块、财务管理模块、产品库存管理模块、客户关系管理模块、财务信息管理模块、销售管理模块以及采购管理模块等。

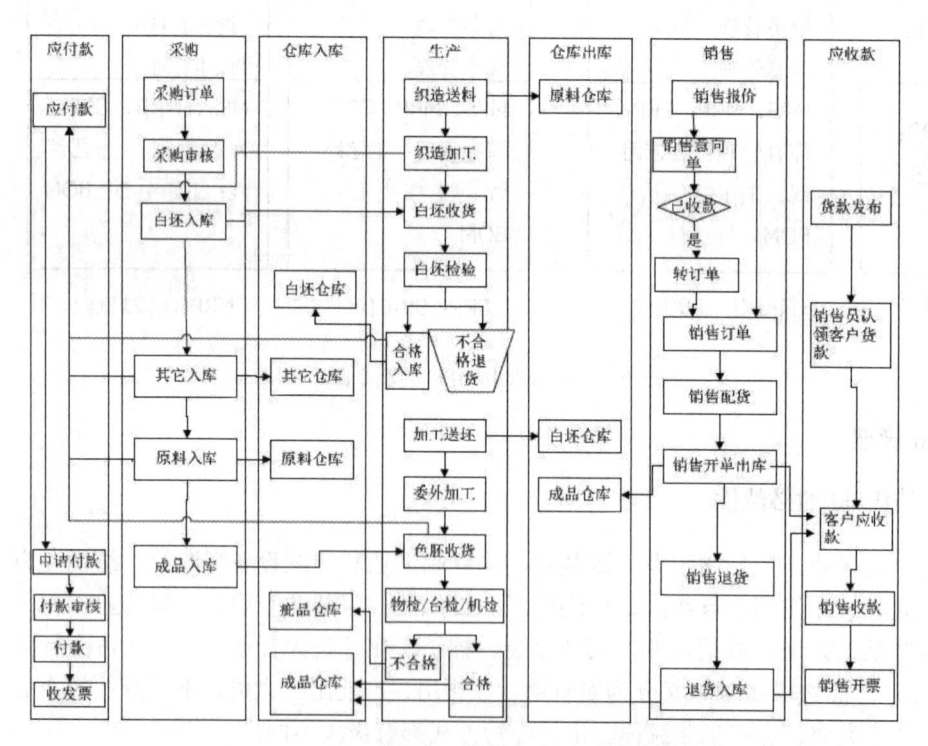

图5-6 纺织企业ERP系统总体框架

2. 基础信息管理

基础信息管理是相对独立的、流程简单的一个模块。主要是为其他功能模块提供基础数据。如：企业名称、物流公司、仓库号、仓库管理员名称、生产设备等。由于此模块的简单性，只需通过简单地增加、删除、修改、查询功能即可。

3. 产品管理

产品是系统每个功能模块单据流转的基础数据，产品管理主要包括：产品类型管理、产品基本信息管理、检验基本要素、检验模板、产品检验标准制定六个子模块组成。

如纺织的产品按照类型分为以下几个方面。

（1）成品，即可以销售的产品，按照里布种类不同又可以分为C001、C002、T1010等子类型，不同公司对成品的命名方法不一样。

（2）原料（纱线或丝），即用于加工成坯布的原料，按照原料的不同又可以分为棉纱、锦纶丝、涤纶丝等原料类型。

（3）坯布，即织造加工成的成品布，按照坯布的不同又可以分为喷水机织坯布、有梭机织坯布，喷水无捻坯布等类型。

（4）色卡，即用于给客户看样的成品布样本，又可以分为RAL 1000色卡、RAL 2000色卡等类型。

（5）其他，即用于生产和办公的辅助材料，例如包装材料、办公用品等类型。该企业的产品定价是跟着产品类型，产品类型还包括：成本价、出厂价、销售最低价、采购最高价。这四个字段值是和业务密切相关的。例如：销售利润＝销售产品数量×销售。

产品检验是保证产品质量的重要手段，是白坯机验和色织机检的主要依据。产品检验的标准制定和产品类型紧密关联，产品检验主要是对每卷布的疵点位置、疵点名称、疵点大小等做记录，不同的疵点有不同的扣分，累计扣分就是这卷布的得分，根据得分对产品进行质量等级分类。纺织企业要制定一套灵活可变的检验标准，如五分制检验标准等，方便该企业改变检验规范。

4. 客户管理

客户管理模块是对围绕客户为中心的信息进行管理，为销售管理和财务管理等其他系统模块提供基础数据。该模块功能简单，没有复杂的流程，涵盖了客户基本资料管理、客户合作状态管理、客户类型管理、客户拜访记录管理、客户送货地址信息管理以及客户联系人信息管理等。

客户合作状态管理对该状态下的客户是否能下订单和订单是否需要做审核的定义，也主要是对客户信用的区分。不能下订单的客户，通过销售意向单（即款到发货）来购买产品。

5. 采购管理

采购管理是企业信息化系统的关键部分之一，其中包含了各种业务功能模块、管理理念以及数据共享技术，为公司构建起现代化且高效的采购管理中心，利用互联网和物资供应厂家进行合作。采购管理模块和产品库存管理模块、生产费用管理模块、原材料供给管理模块等有一定关联。

例如，根据采购物料的不同，上海伟伟纺织的采购被分成原料采购、成品采购、白坯采购、其他采购。采购子模块有：采购订单、采购审核、采购入库、采购退货、采购付款、供应商信息管理。不同的物料有不同的退货和入库方式。

6. 销售管理

销售管理帮助企业的销售人员完成客户资料管理，产品销售价格管理、销售订单管理、销售提货、服务管理及发票管理等一系列销售事务。为企业的销售人员提供客户的信用信息、产品的订货情况以及产品的销售情况和获利情况，指导企业生产经营活动顺利进行，提高企业的客户服务水平。本系统的销售管理能满足ERP对销售管理的定义，客户档案及信用管理在客户管理中。常规纺织企业的销售管理主要模块有：销售报价、销售预留、销售意向单（款到发货）、销售订单、销售配货、销售开单（销售出货）、销售退货、退货入库。

7. 库存管理

所谓库存管理，其包含了产品库存查询、物料进出明细、产品入库、产品盘点等。这个系统可以实时更新产品的存留信息，确保及时采购的物料补充库存。仓储管理人员可以通过这个模块随时查阅、分析产品库存信息，为制定生产计划提供参考。

纺织企业的库存管理主要包括：库存盘点、移仓、库存调拨、领料、其他进仓、库存查询、库存变动查询。库存存在企业经营过程的各个环节间，是在采购、生产、销售的过程中不断循环的。

8. 生产管理

生产管理系统是纺织ERP系统的核心，它融合了先进的生产和管理方法。

（1）主生产计划根据生产规划、预测和客户订单的输入来安排将来的各周期中提供的产品种类和数量，它将生产计划转为产品计划，在平衡了物料和能力的需要后，精确到时间、数量的详细的进度计划。

（2）物料需求计划在主生产计划决定生产多少最终产品后，再根据物料清单，把整个企业要生产的产品的数量转变为所需生产的纤维、纱线和坯布的数量，并对照现有的库存量，可得到还需加工多少、采购多少的最终数量。

（3）能力需求计划在得出初步的物料需求计划之后，将所有工作中心的总工作负荷，在与工作中心的能力平衡后产生的详细工作计划，用以确定生成的物料需求计划是否是企业生产能力上可行的需求计划。最后车间作业计划将作业分配到具体各个车间，再进行作业排序、作业管理、作业监控。

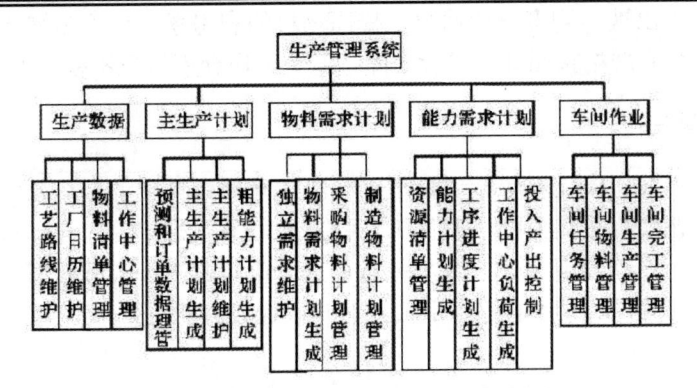

图5-7 生产管理系统功能模块图

针对ERP系统在纺织企业中的应用，通过分析纺织企业的管理特点及生产业务过程，按照ERP的思想，实现了纺织ERP的生产管理系统。纺织企业通过实施ERP整合企业内外部资源，合理组织生产，提高了计划有效性和准确性，实现了对原料的批次追踪，提高了成本核算的精确程度。

9. 财务管理

ERP系统的采购管理是集成信息的财务管理，它集成了产品生产管理模块、采购管理、销售管理模块等。财务管理模块中涵盖了纺织企业的全部财务信息，并能够进行分析，纺织企业在使用这个模块的过程中，可以把财务数据嵌入这个模块，提升企业财务管理效率。如此一来，工作人员不会手动操作，全部流程均由系统来完成，确保了财务信息的真实有效。

该企业财务管理分为应付款管理、应收款管理两个子模块。应付款是对该企业生产和采购活动产生的付款单据进行管理，应收款是对该企业销售活动中产生的收款单据进行管理。在生产、采购、销售活动中由于意外情况会造成单据和实际金额不符的情况，为了达到账面数据和实际数据相符，在财务管理中引入付款额外费用和销售额外费用两个额外费用管理。

财务管理还应该包括和公司经营有关联的各种管理系统，比如员工工资管理系统、采购费用管理系统、费用报销管理系统等。

（三）纺织ERP生产管理的作用

1. 精准交付

通过系统实现生产过程的计划精准排程，并对生产过程实时进度实现预警监控，确保订单如期交付。

织造中，计划安排精准到机台，实现交期的预排及预估，预测数据更加精准可靠；实时监控订单生产进度，对异常问题实现提前预警提醒，重点关注交付异常订单。

2. 库存控制

对原料的BOM数据进行管理，实现系统自动算料，物料需求更加精准；物料采购严格按照需求进行采购，仓库收货控制超收，有效避免物料的超量采购库存；规范企业物料编码管控,避免出现一物多码的情况,提高物料的利用率;仓库精细化管理,加强物料的库位管理,仓库严格按照计划进行出库,避免出现仓库管理不善导致的物料浪费。

3. 质量管控

对原料(纱线、染化料等)质量进行检验,确保原料质量,从源头进行品质控制;对关键工序工艺实现采集监控,确保工艺稳定性,品质稳定性提升;对面料疵点进行数据采集和分析,自动实现评分分级,并对重点质量问题进行跟进处理;对成品物理指标测试进行最终把关,严禁不合格产品流入客户,造成企业质量事故。

4. 成本管控

根据工艺数据、计划阶梯损耗,精准控制每单投料;加强生产环节各工序物料交接管理,对损耗异常数据进行追溯和改进,有效控制损耗;对生产过程重点能耗数据进行监控,针对异常数据进行及时干预,有效控制成本;订单生产完成后对订单进行整体的成本核算,与核价预算成本进行对比,找出问题原因进行针对性改善,避免问题再次发生。

5. 人才培养

织造工艺数据全面库化,将原料用料,三角排列、线长等重要工艺数据进行管理;生产工艺工序规范化,生产严格按照工序流程生产;后整理工艺皮防、设备参数等数据量化管理。

6. 绩效透明

监控订单计划、车间计划的计划执行率和完成率;全流程采用条码技术实现生产员工产量数据的采集,数据及时精准;质量全程追溯,精准追溯到个人,有效提高员工责任心。

总之,ERP系统是通过纺织企业管理及生产业务过程的特点,按照ERP的思想,实现纺织ERP的生产管理系统。纺织企业通过实施ERP,整合企业内外部资源,合理组织生产,提高计划有效性和准确性,实现对原料的批次追踪,提高了成本核算的精确程度。

【实施任务】

上机操作,模拟纺织企业ERP系统。

【知识点检测】

1. ERP理论在纺织企业中应用的现实意义是什么?
2. MRP、MRPⅡ、ERP的差别与联系有哪些?

参考文献

[1] 李桂华,等．纺织生产管理与成本核算[M]. 北京：中国纺织出版社, 2014.

[2] 马士华,等．生产运作管理[M]. 北京：科学出版社, 2008.

[3] 陈荣秋．生产计划与控制[M]. 武汉：华中科技大学出版社, 1996.

[4] 谷有利,等．企业基层管理实务(纺织篇）[M]. 济南：山东大学出版社, 2005.

[5] 徐哲一,等．生产管理 10 堂课[M]. 广州：广东经济出版社, 2004.

[6] 王毅,等．纺织企业管理基础[M]. 北京：中国纺织出版社, 2014.

[7] 李英琳,等．纺织企业管理信息化[M]. 上海：东华大学出版社, 2010.

[8] 王晶,等．基于信息化精益生产管理 [M]. 北京：机械工业出版社, 2022.

[9] 吴健．生产运作管理[N].广州：广东经济出版社, 2007.

[10] 李国庆．企业生产管理[M]. 北京：清华大学出版社, 2007.

[11] 林光．企业生产运作管理[M].北京：清华大学出版社, 2006.

[12] 林友乎．现代生产管理[M]. 武汉：武汉大学出版社, 1997.

[13] 庄心光 ．棉纺织计算[M]. 北京：中国纺织出版社, 2007.

[14] 王关义,等．现代企业管理[M]. 北京：清华大学出版社, 2007.

[15] 林子务．纺织企业现代管理[M]. 北京：中国纺织出版社, 2001.

[16] 孙明贵．现代纺织企业管理[M]. 北京：中国纺织出版社, 2008.

[17] 张鹏,等．印染生产管理[M]. 北京：中国纺织出版社, 2015.